그리스도 안에 계시는

님께 드립니다.

년   월   일

하나님의 보증
: 기복신앙의 비밀
1.0

하나님의 보증
:기복신앙의 비밀
1.0

자유롭게 이 책을 복제, 배포하셔도 됩니다.
책의 수익금은 새로운 성경 관련된 것을 만들거나
어려운 사람들을 돕는 데 쓰입니다.

2022~2023년 Mike Hwang이 집필했습니다.
2023년 12월 Miklish에서 초판 1쇄를 출간했습니다.
성경은 개역성경(1961, 대한성서공회)를 사용했습니다.

잘못된 내용이 있다면
010 4718 1329, iminia@naver.com으로 연락 주십시오.

ISBN: 979-11-87158-50-9 (04230)
세트: 979-11-87158-49-3

성령과 신부가 말씀하시기를 오라 하시는도다 듣는 자도 오라 할 것이요 목마른 자도 올 것이
요 또 원하는 자는 값없이 생명수를 받으라 하시더라
내가 이 두루마리의 예언의 말씀을 듣는 모든 사람에게 증언하노니 만일 누구든지 이것들 외에
더하면 하나님이 이 두루마리에 기록된 재앙들을 그에게 더하실 것이요
만일 누구든지 이 두루마리의 예언의 말씀에서 제하여 버리면 하나님이 이 두루마리에 기록된
생명나무와 및 거룩한 성에 참여함을 제하여 버리시리라
요한 계시록 22:17~19

하나님의 보증
: 기복신앙의 비밀
1.0

Jehovah's Guarantee: Faith for Blessing

원하는 것은 무엇이든 이뤄지는 성경의 비밀

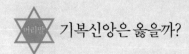

기복신앙은 옳을까?

중학교에서는 매 학기마다 봉사활동 점수를 채워야 한다. 아이들 대다수는 하기 싫어서 억지로 봉사활동을 하지만, 그중에 깨달음을 얻는 아이들도 있다. 그들은 성인이 돼서 더 이상 점수와는 상관이 없지만, 남을 돕는 게 좋아서 봉사활동을 한다. 이처럼 처음에는 자신의 이익을 위해 시작했지만, 이후에는 남의 이익을 위해 봉사활동을 하게 될 수 있다.

구약에서는 율법을 지키지 않으면 벌을 받으니까 지킨다. 하지만 예수님을 접하고, 율법 안에 담긴 하나님의 사랑을 알게 되면 벌과 상관 없이 율법을 지키게 된다.

벌 때문이 아니라 상을 받기 위해 율법을 지킬 수도 있다. 성경에서 하나님을 시험하지 말라고 되어 있지만, 몇몇 행위에 대해서는 시험하는 것을 허락하셨다. 하나님께서 수준 낮은 사람들의 눈높이에 맞춰서 가르치시기 위해서 허락하셨다고 생각한다.

예를 들면 '하나님께 십일조를 내면 그 이상으로 돌려 받는지 안 받는지' 시험하라고 하신다. 십일조란 자신이 번 것의 1/10을 하나님께 바치는 것이다. 처음에는 돈을 더 벌기 위해서 십일조를 낼 수 있다. 하지만 십일조를 내다보면 자신이

버는 모든 것이 하나님의 은혜로 받게 됐다는 것을 깨닫게
될 수도 있다. 이후에는 돈을 더 벌지 못하더라도 하나님께
감사드리는 뜻에서 십일조를 내게 된다.

말 3:10   만군의 여호와가 이르노라 너희의 온전한 십일조를
           창고에 들여 나의 집에 양식이 있게 하고 그것으로 나
           를 시험하여 내가 하늘 문을 열고 너희에게 복을 쌓을
           곳이 없도록 붓지 아니하나 보라

레 25:20   혹 너희 말이 우리가 만일 제 칠년에 심지도 못하고 그
           산물을 거두지도 못하면 무엇을 먹으리요 하겠으나

레 25:21   내가 명하여 제 육년에 내 복을 너희에게 내려 그 소출
           이 삼년 쓰기에 족하게 할지라

무엇을 바라고 하나님의 말씀을 따르는 것도 틀린 건 아니
다. 그렇게 해서라도 하나님의 말씀을 따른다면, 아예 따르지
않는 것보다 훨씬 낫기 때문이다. 그리고 그 말이 이루어질
때마다 하나님이 계신 것을 알 수 있을 것이다. 율법이 예수
님께 이끄는 기초학문이 됐듯, 기복신앙을 통해 참신앙으로
거듭날 수도 있다. 그렇기에 기복신앙은 옳다.

더 중요한 구절은?

각 장에서 '더 중요한 내용'을 먼저 넣으려고 했고, '덜 중요한 내용'을 나중에 넣으려고 했다. 그 기준으로 성경에서 같은 내용이 '여러 번 중복된 것'을 중요하게 여겼다. 그리고 '하나님께서 직접 말씀하시거나, 선지자를 통해 말씀하신 것'을 더 중요하게 여겼다. 다음으로 '예수께서 말씀하신 것'을 중요하게 여겼고, 사도들이나 그 외의 사람들이 말한 것은 덜 중요하게 판단해서 뒤에 실었다.

중요한 말이라도 '뭉뚱그려진 내용'은 실천하기 어렵다. 예를 들어, 의로운 사람이 '오래 산다'고 하면, 성경적으로 의로운 사람이 되기 위해 실천해야 할 것이 수십~수백 가지이다. 그러므로 실천하기도 어렵고, 나중에 그것을 실천했으므로 오래 살았다고 할 수도 없다. 반면에 '부모님께 효도하면 오래 산다'고 했을 때, 실천하기도 쉽고, 인과관계를 알기도 쉽다. 그러므로 '장수(오래 사는 것)'에 대해 소개할 때 부모님 효도에 대한 주제를 앞에 넣었다.

한 구절에 여러 주제가 포함된 경우, 중복되더라도 해당하는 장에 각각 넣었다. 기복신앙과 관련된 구절 중에 놓친 구절은 기복.com에 알려주면 1.5나 2.0 개정판에 넣을 계획이다.

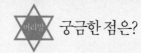

궁금한 점은?

이방인이 성경 말씀을 삶에 적용하면서 사는 것은 매우 어렵다. 작은 계명 하나라도 그것을 막상 실천하려고 하면, 주변의 따가운 시선을 참아내야 한다. 또한 성경 법과 세상 법이 충돌하거나, 성경 법과 성경 법이 충돌할 때는 결정하기 어렵다. 그럴 때 나는, '하나님께서는 그동안 나에게 어떻게' 하셨고, 내가 '예수님이라면 사람들한테 어떻게 했을까'를 고민해본다.

궁금한 점이 있다면 010-4718-1329, 카톡 아이디 iminia로 가능한 '문자'를 주기 바란다. 긴 글은 iminia@naver.com으로 이메일을 주기 바란다.

내가 성령에 임한 사람도 아니고, 모세처럼 하나님의 의견을 바로 물을 수 있는 사람은 아니지만, 먼저 20년 가까이 성경 말씀을 삶에 적용하면서 살아왔기에, 비슷한 상황을 경험해봤을 확률이 높다.

오프라인 모임: 기복.com (cafe.naver.com/gibok)
유튜브: youtube.com/@mikehwang

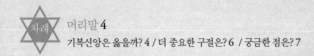

기복신앙은 옳을까?

기복신앙은 '복'을 받기 위해 하나님을 믿는 신앙을 말한다. 바꿔 말하면, 하나님께서 복을 주시지 않는다면 하나님을 믿지 않을 신앙이다. 그래서 '수준 낮은 신앙', '피해야 할 신앙'으로 기복신앙을 일컫는다.

그런데 성경에서도 기복신앙을 그렇게 이야기할까?

⬡① 하나님께서 말씀하신 기복신앙

신 10:12 이스라엘아 네 하나님 여호와께서 네게 요구하시는 것이 무엇
이냐 곧 네 하나님 여호와를 경외하여 그 모든 도를 행하고 그
를 사랑하며 마음을 다하고 성품을 다하여 네 하나님 여호와
를 섬기고

신 10:13 내가 오늘날 네 행복을 위하여 네게 명하는 여호와의 명령과
규례를 지킬 것이 아니냐

신 5:27 당신은 가까이 나아가서 우리 하나님 여호와의 하시는 말씀을
다 듣고 우리 하나님 여호와의 당신에게 이르시는 것을 다 우
리에게 전하소서 우리가 듣고 행하겠나이다 하였느니라

신 5:28 여호와께서 너희가 내게 말할 때에 너희의 말하는 소리를 들
으신지라 여호와께서 내게 이르시되 이 백성이 네게 말하는
그 말소리를 내가 들은즉 그 말이 다 옳도다

신 5:29 다만 그들이 항상 이같은 마음을 품어 나를 경외하며 나의 모든
명령을 지켜서 그들과 그 자손이 영원히 복 받기를 원하노라

신 7:12 너희가 이 모든 법도를 듣고 지켜 행하면 네 하나님 여호와께
서 네 열조에게 맹세하신 언약을 지켜 네게 인애를 베푸실 것
이라

신 7:13 곧 너를 사랑하시고 복을 주사 너로 번성케 하시되 네게 주리

라고 네 열조에게 맹세하신 땅에서 네 소생에게 은혜를 베푸
시며 네 토지 소산과 곡식과 포도주와 기름을 풍성케 하시고
네 소와 양을 번식케 하시리니

신 7:14   네가 복을 받음이 만민보다 우승하여 너희 중의 남녀와 너희
짐승의 암수에 생육하지 못함이 없을 것이며

신 7:15   여호와께서 또 모든 질병을 네게서 멀리하사 너희가 아는바
그 애굽의 악질이 네게 임하지 않게 하시고 너를 미워하는 모
든 자에게 임하게 하실 것이라

렘 32:39   내가 그들에게 한 마음과 한 도를 주어 자기들과 자기 후손의
복을 위하여 항상 나를 경외하게 하고

렘 32:40   내가 그들에게 복을 주기 위하여 그들을 떠나지 아니하리라
하는 영영한 언약을 그들에게 세우고 나를 경외함을 그들의
마음에 두어 나를 떠나지 않게 하고

렘 32:41   내가 기쁨으로 그들에게 복을 주되 정녕히 나의 마음과 정신
을 다하여 그들을 이 땅에 심으리라

렘 32:42   나 여호와가 이같이 말하노라 내가 이 백성에게 이 큰 재앙을
내린 것같이 허락한 모든 복을 그들에게 내리리라

신 15:4   네가 만일 네 하나님 여호와의 말씀만 듣고 내가 오늘날 네게

명하는 그 명령을 다 지켜 행하면 네 하나님 여호와께서 네게 유업으로 주신 땅에서 네가 정녕 복을 받으리니 너희 중에 가난한 자가 없으리라

신 12:25 너는 피를 먹지 말라 네가 이같이 여호와께서 의롭게 여기시는 일을 행하면 너와 네 후손이 복을 누리리라

사 48:18 슬프다 네가 나의 명령을 듣지 아니하였도다 만일 들었더면 네 평강이 강과 같았겠고 네 의가 바다 물결 같았을 것이며

사 48:19 네 자손이 모래 같았겠고 네 몸의 소생이 모래 알갱이 같아서 그 이름이 내 앞에서 끊어지지 아니하였겠고 없어지지 아니하였으리라 하셨느니라

수 1:8 이 율법책을 네 입에서 떠나지 말게 하며 주야로 그것을 묵상하여 그 가운데 기록한 대로 다 지켜 행하라 그리하면 네 길이 평탄하게 될 것이라 네가 형통하리라

왕상 2:3 네 하나님 여호와의 명을 지켜 그 길로 행하여 그 법률과 계명과 율례와 증거를 모세의 율법에 기록된 대로 지키라 그리하면 네가 무릇 무엇을 하든지 어디로 가든지 형통할지라

말 3:8 사람이 어찌 하나님의 것을 도적질하겠느냐 그러나 너희는 나의 것을 도적질하고도 말하기를 우리가 어떻게 주의 것을 도적질하였나이까 하도다 이는 곧 십일조와 헌물이라

말 3:9 너희 곧 온 나라가 나의 것을 도적질하였으므로 너희가 저주를 받았느니라

말 3:10 만군의 여호와가 이르노라 너희의 온전한 십일조를 창고에 들여 나의 집에 양식이 있게 하고 그것으로 나를 시험하여 내가 하늘 문을 열고 너희에게 복을 쌓을 곳이 없도록 붓지 아니하나 보라

신 6:24 여호와께서 우리에게 이 모든 규례를 지키라 명하셨으니 이는 우리로 우리 하나님 여호와를 경외하여 항상 복을 누리게 하기 위하심이며 또 여호와께서 우리로 오늘날과 같이 생활하게 하려 하심이라

예수께서 말씀하신 기복신앙

눅 14:13 잔치를 배설하거든 차라리 가난한 자들과 병신들과 저는 자들
과 소경들을 청하라

눅 14:14 그리하면 저희가 갚을 것이 없는 고로 네게 복이 되리니 이는
의인들의 부활시에 네가 갚음을 받겠음이니라 하시더라

막 10:29 예수께서 가라사대 내가 진실로 너희에게 이르노니 나와 및
복음을 위하여 집이나 형제나 자매나 어미나 아비나 자식이나
전토를 버린 자는

막 10:30 금세에 있어 집과 형제와 자매와 모친과 자식과 전토를 백배
나 받되 핍박을 겸하여 받고 내세에 영생을 받지 못할 자가 없
느니라

바울과 선지자께서 말씀하신 기복신앙

히 11:26　그리스도를 위하여 받는 능욕을 애굽의 모든 보화보다 더 큰
　　　　재물로 여겼으니 이는 상주심을 바라봄이라

히 11:35　여자들은 자기의 죽은 자를 부활로 받기도 하며 또 어떤 이들
　　　　은 더 좋은 부활을 얻고자 하여 악형을 받되 구차히 면하지 아
　　　　니하였으며

고전 15:16　만일 죽은 자가 다시 사는 것이 없으면 그리스도도 다시 사신
　　　　것이 없었을 터이요

고전 15:17　그리스도께서 다시 사신 것이 없으면 너희의 믿음도 헛되고
　　　　너희가 여전히 죄 가운데 있을 것이요

고전 15:18　또한 그리스도 안에서 잠자는 자도 망하였으리니

고전 15:19　만일 그리스도 안에서 우리의 바라는 것이 다만 이생 뿐이면
　　　　모든 사람 가운데 우리가 더욱 불쌍한 자리라

고전 15:32　내가 범인처럼 에베소에서 맹수로 더불어 싸웠으면 내게 무슨
　　　　유익이 있느뇨 죽은 자가 다시 살지 못할 것이면 내일 죽을 터
　　　　이니 먹고 마시자 하리라

행 3:26　하나님이 그 종을 세워 복 주시려고 너희에게 먼저 보내사 너
　　　　희로 하여금 돌이켜 각각 그 악함을 버리게 하셨느니라

고전 9:23　내가 복음을 위하여 모든 것을 행함은 복음에 참예하고자 함이라

고전 9:24　운동장에서 달음질하는 자들이 다 달아날지라도 오직 상 얻는
　　　　　자는 하나인 줄을 너희가 알지 못하느냐 너희도 얻도록 이와
　　　　　같이 달음질하라

고전 9:25　이기기를 다투는 자마다 모든 일에 절제하나니 저희는 썩을 면
　　　　　류관을 얻고자 하되 우리는 썩지 아니할 것을 얻고자 하노라

고전 9:26　그러므로 내가 달음질하기를 향방 없는 것같이 아니하고 싸우
　　　　　기를 허공을 치는 것같이 아니하여

고전 9:27　내가 내 몸을 쳐 복종하게 함은 내가 남에게 전파한 후에 자기
　　　　　가 도리어 버림이 될까 두려워함이로라

빌 3:10　　내가 그리스도와 그 부활의 권능과 그 고난에 참예함을 알려
　　　　　하여 그의 죽으심을 본받아

빌 3:11　　어찌하든지 죽은 자 가운데서 부활에 이르려 하노니

빌 3:12　　내가 이미 얻었다 함도 아니요 온전히 이루었다 함도 아니라
　　　　　오직 내가 그리스도 예수께 잡힌바 된 그것을 잡으려고 좇아
　　　　　가노라

빌 3:13　　형제들아 나는 아직 내가 잡은 줄로 여기지 아니하고 오직 한
　　　　　일 즉 뒤에 있는 것은 잊어버리고 앞에 있는 것을 잡으려고

빌 3:14　　푯대를 향하여 그리스도 예수 안에서 하나님이 위에서 부르신

부름의 상을 위하여 좇아가노라

창 28:20 야곱이 서원하여 가로되 하나님이 나와 함께 계시사 내가 가
는 이 길에서 나를 지키시고 먹을 양식과 입을 옷을 주사

창 28:21 나로 평안히 아비 집으로 돌아가게 하시오면 여호와께서 나의
하나님이 되실 것이요

창 28:22 내가 기둥으로 세운 이 돌이 하나님의 전이 될 것이요 하나님
께서 내게 주신 모든 것에서 십분 일을 내가 반드시 하나님께
드리겠나이다 하였더라

신 30:19 내가 오늘날 천지를 불러서 너희에게 증거를 삼노라 내가 생
명과 사망과 복과 저주를 네 앞에 두었은즉 너와 네 자손이 살
기 위하여 생명을 택하고

신 30:20 네 하나님 여호와를 사랑하고 그 말씀을 순종하며 또 그에게
부종하라 그는 네 생명이시요 네 장수시니 여호와께서 네 열
조 아브라함과 이삭과 야곱에게 주리라고 맹세하신 땅에 네가
거하리라

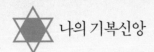

나의 기복신앙

나는 초등학교 저학년 때부터 종종 교회에 나갔다. 하지만 하나님을 믿는다고 할 수 없었다. 성경 말씀을 몰라서 지키지 않았기 때문이다.

교회에 나가지 않고, 자의로 매일 성경을 읽으며 그 말씀대로 산 것은 약 16살쯤부터였다. 지금 42살이니, 약 26년 가량 하나님을 믿고 성경 말씀을 지키려고 노력하며 살아왔다.

그동안 나는 복을 받기 위해 성경 말씀을 지키지는 않았다. 성경대로 음식을 가려 먹는 것이 어떤 복을 주실지 모르겠지만, 사람의 눈치를 본다면 차라리 음식을 먹고 복을 안 받는 게 마음이 편하다. 다만 성경에서 지키라고 했기에 지킬 뿐이다.

그렇지만 가끔은 하나님께 무엇을 바라고 말씀을 지키는 경우가 있다. 특히 너무 화나서 도저히 상대방을 용서할 수 없을 때 주기도문이 생각난다.

마 6:12   우리가 우리에게 죄 지은 자를 사하여 준 것같이 우리 죄를 사하여 주옵시고

마 6:13   우리를 시험에 들게 하지 마옵시고 다만 악에서 구하

옵소서 (나라와 권세와 영광이 아버지께 영원히 있사

옵나이다 아멘)

마 6:14   너희가 사람의 과실을 용서하면 너희 천부께서도 너

희 과실을 용서하시려니와

마 6:15   너희가 사람의 과실을 용서하지 아니하면 너희 아버

지께서도 너희 과실을 용서하지 아니하시리라

내가 살아가면서 잘못한 것들을 용서 받는 법은 '예수님께서 죽으셨다가 살아나신 것을 믿어서'가 아니라(물론 그게 계기가 됐을 수는 있다), 자신에게 죄를 지은 다른 사람들을 용서하는 것이라고 예수께서 말씀하셨다.

유치한 기복신앙이라 한들, 저 말씀이 없었다면 나에게 크게 잘못한 사람들을 용서하기 어려웠을 것이다.

여호와께서 2
만드신 것

여호와 하나님을 믿는 것은 하나님께서 모든 것을 창조
하셨다는 것을 믿는 것이다.

만들었다는 것은 그것의 소유자임을 뜻한다. 그래서 하
나님께서는 원하는 사람에게 주거나 빼앗을 수 있다.

창세기 1장에서는 '모습'에 대한 창조만 나와있지만, 다
른 구절에서는 '마음'도 창조하시고 '상황'도 창조하심
을 알 수 있다.

만물을 만드심 (구약)

창 1:1   태초에 하나님이 천지를 창조하시니라

출 20:11   이는 엿새 동안에 나 여호와가 하늘과 땅과 바다와 그 가운데
          모든 것을 만들고 제 칠일에 쉬었음이라 그러므로 나 여호와
          가 안식일을 복되게 하여 그 날을 거룩하게 하였느니라

사 54:16   숯불을 불어서 자기가 쓸만한 기계를 제조하는 장인도 내가
          창조하였고 파괴하며 진멸하는 자도 내가 창조하였은즉
사 54:17   무릇 너를 치려고 제조된 기계가 날카롭지 못할 것이라 무릇
          일어나 너를 대적하여 송사하는 혀는 네게 정죄를 당하리니
          이는 여호와의 종들의 기업이요 이는 그들이 내게서 얻은 의
          니라 여호와의 말이니라

사 44:24   네 구속자요 모태에서 너를 조성한 나 여호와가 말하노라 나
          는 만물을 지은 여호와라 나와 함께 한 자 없이 홀로 하늘을 폈
          으며 땅을 베풀었고

욥 31:15   나를 태 속에 만드신 자가 그도 만들지 아니하셨느냐 우리를
          뱃속에 지으신 자가 하나가 아니시냐

렘 1:5 　내가 너를 복중에 짓기 전에 너를 알았고 네가 태에서 나오기 전에 너를 구별하였고 너를 열방의 선지자로 세웠노라 하시기로

시 146:6 　여호와는 천지와 바다와 그 중의 만물을 지으시며 영원히 진실함을 지키시며

욥 34:19 　왕족을 외모로 취치 아니하시며 부자를 가난한 자보다 더 생각하지 아니하시나니 이는 그들이 다 그의 손으로 지으신 바가 됨이니라

욥 34:20 　그들은 밤중 순식간에 죽나니 백성은 떨며 없어지고 세력 있는 자도 사람의 손을 대지 않고 제함을 당하느니라

욥 34:21 　하나님은 사람의 길을 주목하시며 사람의 모든 걸음을 감찰하시나니

시 33:6 　여호와의 말씀으로 하늘이 지음이 되었으며 그 만상이 그 입 기운으로 이루었도다

사 29:16 　너희의 패리함이 심하도다 토기장이를 어찌 진흙 같이 여기겠느냐 지음을 받은 물건이 어찌 자기를 지은 자에 대하여 이르기를 그가 나를 짓지 아니하였다 하겠으며 빚음을 받은 물건

이 자기를 빚은 자에 대하여 이르기를 그가 총명이 없다 하겠느냐

말 2:10 우리는 한 아버지를 가지지 아니하였느냐 한 하나님의 지으신 바가 아니냐 어찌하여 우리 각 사람이 자기 형제에게 궤사를 행하여 우리 열조의 언약을 욕되게 하느냐

사 49:5 나는 여호와의 보시기에 존귀한 자라 나의 하나님이 나의 힘이 되셨도다 다시 야곱을 자기에게로 돌아오게 하시며 이스라엘을 자기에게로 모이게 하시려고 나를 태에서 나옴으로부터 자기 종을 삼으신 여호와께서 말씀하시니라

② 만물을 만드심 (신약)

행 17:24   우주와 그 가운데 있는 만유를 지으신 신께서는 천지의 주재
시니 손으로 지은 전에 계시지 아니하시고

고전 8:6   그러나 우리에게는 한 하나님 곧 아버지가 계시니 만물이 그
에게서 났고 우리도 그를 위하며 또한 한 주 예수 그리스도께
서 계시니 만물이 그로 말미암고 우리도 그로 말미암았느니라

롬 1:20   창세로부터 그의 보이지 아니하는 것들 곧 그의 영원하신 능
력과 신성이 그 만드신 만물에 분명히 보여 알게 되나니 그러
므로 저희가 핑계치 못할지니라

행 7:50   이 모든 것이 다 내 손으로 지은 것이 아니냐 함과 같으니라

히 3:4   집마다 지은 이가 있으니 만물을 지으신 이는 하나님이시라

행 4:24   저희가 듣고 일심으로 하나님께 소리를 높여 가로되 대주재여
천지와 바다와 그 가운데 만유를 지은 이시요

마음을 만드심

시 33:13　여호와께서 하늘에서 감찰하사 모든 인생을 보심이여

시 33:14　곧 그 거하신 곳에서 세상의 모든 거민을 하감하시도다

시 33:15　저는 일반의 마음을 지으시며 저희 모든 행사를 감찰하시는
　　　　　자로다

잠 17:3　도가니는 은을, 풀무는 금을 연단하거니와 여호와는 마음을
　　　　　연단하시느니라

출 4:21　여호와께서 모세에게 이르시되 네가 애굽으로 돌아가거든 내
　　　　　가 네 손에 준 이적을 바로 앞에서 다 행하라 그러나 내가 그의
　　　　　마음을 강퍅케 한즉 그가 백성을 놓지 아니하리니

출 7:3　내가 바로의 마음을 강퍅케 하고 나의 표징과 나의 이적을 애
　　　　　굽 땅에 많이 행하리라마는

출 7:4　바로가 너희를 듣지 아니할 터인즉 내가 내 손을 애굽에 더하
　　　　　여 여러 큰 재앙을 내리고 내 군대, 내 백성 이스라엘 자손을
　　　　　그 땅에서 인도하여 낼지라

수 11:20　그들의 마음이 강퍅하여 이스라엘을 대적하여 싸우러 온 것은
　　　　　여호와께서 그리하게 하신 것이라 그들로 저주 받은 자 되게

하여 은혜를 입지 못하게 하시고 여호와께서 모세에게 명하신 대로 진멸하려 하심이었더라

단 1:9   하나님이 다니엘로 환관장에게 은혜와 긍휼을 얻게 하신지라

출 3:21   내가 애굽 사람으로 이 백성에게 은혜를 입히게 할지라 너희가 갈 때에 빈손으로 가지 아니하리니

출 3:22   여인마다 그 이웃 사람과 및 자기 집에 우거하는 자에게 은 패물과 금 패물과 의복을 구하여 너희 자녀를 꾸미라 너희가 애굽 사람의 물품을 취하리라

행 16:14 두아디라성의 자주 장사로서 하나님을 공경하는 루디아라 하는 한 여자가 들었는데 주께서 그 마음을 열어 바울의 말을 청종하게 하신지라

롬 9:18   그런즉 하나님께서 하고자 하시는 자를 긍휼히 여기시고 하고자 하시는 자를 강퍅케 하시느니라

롬 9:19   혹 네가 내게 말하기를 그러면 하나님이 어찌하여 허물하시느뇨 누가 그 뜻을 대적하느뇨 하리니

상황과 사건을 만드심

전 7:14   형통한 날에는 기뻐하고 곤고한 날에는 생각하라 하나님이 이
              두가지를 병행하게 하사 사람으로 그 장래 일을 능히 헤아려
              알지 못하게 하셨느니라

사 45:7   나는 빛도 짓고 어두움도 창조하며 나는 평안도 짓고 환난도
              창조하나니 나는 여호와라 이 모든 일을 행하는 자니라 하였
              노라

사 45:8   너 하늘이여 위에서부터 의로움을 비 같이 듣게 할지어다 궁창
              이여 의를 부어 내릴지어다 땅이여 열려서 구원을 내고 의도
              함께 움돋게 할지어다 나 여호와가 이 일을 창조하였느니라

전 1:13   마음을 다하며 지혜를 써서 하늘 아래서 행하는 모든 일을 궁
              구하며 살핀즉 이는 괴로운 것이니 하나님이 인생들에게 주사
              수고하게 하신 것이라

렘 14:22   열방의 허무한 것 중에 능히 비를 내리게 할 자가 있나이까 하
              늘이 능히 소나기를 내릴 수 있으리이까 우리 하나님 여호와
              여 그리하는 자가 주가 아니시니이까 그러므로 우리가 주를
              앙망하옵는 것은 주께서 이 모든 것을 만드셨음이니이다

창 27:20 이삭이 그 아들에게 이르되 내 아들아 네가 어떻게 이같이 속히 잡았느냐 그가 가로되 아버지의 하나님 여호와께서 나로 순적히 만나게 하셨음이니이다

삿 1:4 유다가 올라가매 여호와께서 가나안 사람과 브리스 사람을 그들의 손에 붙이신지라 그들이 베섹에서 일만명을 죽이고

사 66:4 나도 유혹을 그들에게 택하여 주며 그 무서워하는 것을 그들에게 임하게 하리니 이는 내가 불러도 대답하는 자 없으며 내가 말하여도 그들이 청종하지 않고 오직 나의 목전에 악을 행하며 나의 기뻐하지 아니하는 것을 택하였음이니라 하시니라

욘 1:17 여호와께서 이미 큰 물고기를 예비하사 요나를 삼키게 하셨으므로 요나가 삼일 삼야를 물고기 배에 있으니라

시 103:3 저가 네 모든 죄악을 사하시며 네 모든 병을 고치시며
시 103:4 네 생명을 파멸에서 구속하시고 인자와 긍휼로 관을 씌우시며
시 103:5 좋은 것으로 네 소원을 만족케 하사 네 청춘으로 독수리 같이 새롭게 하시는도다
시 103:6 여호와께서 의로운 일을 행하시며 압박 당하는 모든 자를 위

하여 판단하시는도다

삼상 17:47 또 여호와의 구원하심이 칼과 창에 있지 아니함을 이 무리로
알게 하리라 전쟁은 여호와께 속한 것인즉 그가 너희를 우리
손에 붙이시리라

왕상 11:23 하나님이 또 엘리아다의 아들 르손을 일으켜 솔로몬의 대적이 되
게 하시니 저는 그 주인 소바 왕 하닷에셀에게서 도망한 자라

에 6:1 이 밤에 왕이 잠이 오지 아니하므로 명하여 역대 일기를 가져
다가 자기 앞에서 읽히더니

에 6:2 그 속에 기록하기를 문 지킨 왕의 두 내시 빅다나와 데레스가
아하수에로 왕을 모살하려 하는 것을 모르드개가 고발하였다
하였는지라

애 3:33 주께서 인생으로 고생하며 근심하게 하심이 본심이 아니시로다

삿 7:22 삼백명이 나팔을 불 때에 여호와께서 그 온 적군으로 동무끼
리 칼날로 치게 하시므로 적군이 도망하여 스레라의 벧 싯다
에 이르고 또 답밧에 가까운 아벨므홀라의 경계에 이르렀으며

갈 1:15　　그러나 내 어머니의 태로부터 나를 택정하시고 은혜로 나를 부르신 이가

갈 1:16　　그 아들을 이방에 전하기 위하여 그를 내 속에 나타내시기를 기뻐하실 때에 내가 곧 혈육과 의논하지 아니하고

출 11:3　　여호와께서 그 백성으로 애굽 사람의 은혜를 받게 하셨고 또 그 사람 모세는 애굽국에서 바로의 신하와 백성에게 심히 크게 뵈었더라

출 12:36　　여호와께서 애굽 사람으로 백성에게 은혜를 입히게 하사 그들의 구하는 대로 주게 하시므로 그들이 애굽 사람의 물품을 취하였더라

시 147:6　　여호와께서 겸손한 자는 붙드시고 악인은 땅에 엎드러뜨리시는도다

시 147:7　　감사함으로 여호와께 노래하며 수금으로 하나님께 찬양할지어다

시 147:8　　저가 구름으로 하늘을 덮으시며 땅을 위하여 비를 예비하시며 산에 풀이 자라게 하시며

시 147:9　　들짐승과 우는 까마귀 새끼에게 먹을 것을 주시는도다

단 1:2   주께서 유다 왕 여호야김과 하나님의 전 기구 얼마를 그의 손
         에 붙이시매 그가 그것을 가지고 시날 땅 자기 신의 묘에 이르
         러 그 신의 보고에 두었더라

창 45:8   그런즉 나를 이리로 보낸 자는 당신들이 아니요 하나님이시라
         하나님이 나로 바로의 아비를 삼으시며 그 온 집의 주를 삼으
         시며 애굽 온 땅의 치리자를 삼으셨나이다

창 45:9   당신들은 속히 아버지께로 올라가서 고하기를 아버지의 아들
         요셉의 말에 하나님이 나를 애굽 전국의 주로 세우셨으니 내
         게로 지체말고 내려오사

출 33:19 여호와께서 가라사대 내가 나의 모든 선한 형상을 네 앞으로
         지나게 하고 여호와의 이름을 네 앞에 반포하리라 나는 은혜
         줄 자에게 은혜를 주고 긍휼히 여길 자에게 긍휼을 베푸느니라

병을 만드심

출 9:15 　내가 손을 펴서 돌림병으로 너와 네 백성을 쳤더라면 **네가 세 상에서 끊어졌을 것이나**

출 15:26 　가라사대 너희가 너희 하나님 나 여호와의 말을 청종하고 나의 보기에 의를 행하며 내 계명에 귀를 기울이며 내 모든 규례를 지키면 내가 애굽 사람에게 내린 모든 질병의 하나도 너희에게 내리지 아니하리니 **나는 너희를 치료하는 여호와임이니라**

출 4:6 　여호와께서 또 가라사대 네 손을 품에 넣으라 하시매 손을 품에 넣었다가 내어보니 그 손에 문둥병이 발하여 눈 같이 흰지라

출 4:7 　가라사대 네 손을 다시 품에 넣으라 하시매 그가 다시 손을 품 에 넣었다가 내어보니 손이 여상하더라

민 12:9 　여호와께서 그들을 향하여 진노하시고 떠나시매

민 12:10 　구름이 장막 위에서 떠나갔고 미리암은 문둥병이 들려 눈과 같더라 아론이 미리암을 본즉 문둥병이 들었는지라

출 4:11 　여호와께서 그에게 이르시되 누가 사람의 입을 지었느뇨 누가 벙어리나 귀머거리나 눈 밝은 자나 소경이 되게 하였느뇨 나 여호와가 아니뇨

신 32:39　이제는 나 곧 내가 그인 줄 알라 나와 함께 하는 신이 없도다
　　　　　내가 죽이기도 하며 살리기도 하며 상하게도 하며 낫게도 하
　　　　　나니 내 손에서 능히 건질 자 없도다

욥 33:19　혹시는 사람이 병상의 고통과 뼈가 늘 쑤심의 징계를 받나니

6　모든 것은 하나님의 것

욥 41:11　**누가 먼저 내게 주고 나로 갚게 하였느냐** 온 천하에 있는 것이

다 내 것이니라

시 89:11　하늘이 주의 것이요 땅도 주의 것이라 세계와 그 중에 충만한

것을 주께서 건설하셨나이다

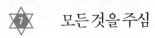

⑦ 모든 것을 주심

행 17:25   또 무엇이 부족한 것처럼 사람의 손으로 섬김을 받으시는 것
이 아니니 이는 만민에게 생명과 호흡과 만물을 친히 주시는
자이심이라

딤전 6:17   네가 이 세대에 부한 자들을 명하여 마음을 높이지 말고 정함
이 없는 재물에 소망을 두지 말고 오직 우리에게 모든 것을 후
히 주사 누리게 하시는 하나님께 두며

시 136:25   모든 육체에게 식물을 주신 이에게 감사하라 그 인자하심이
영원함이로다

시 145:15   중생의 눈이 주를 앙망하오니 주는 때를 따라 저희에게 식물
을 주시며

시 145:16   손을 펴사 모든 생물의 소원을 만족케 하시나이다

신 10:18   고아와 과부를 위하여 신원하시며 나그네를 사랑하사 그에게
식물과 의복을 주시나니

시 145:9   여호와께서는 만유를 선대하시며 그 지으신 모든 것에 긍휼을
베푸시는도다

렘 31:14   내가 기름으로 제사장들의 심령에 흡족케 하며 내 은혜로 내
          백성에게 만족케 하리라 **여호와의 말이니라**

욥 1:10   주께서 그와 그 집과 그 모든 소유물을 산울로 두르심이 아니
          니이까 주께서 그 손으로 하는 바를 복되게하사 그 소유물로
          땅에 널리게 하셨음이니이다

대하 31:10 사독의 족속 대제사장 아사랴가 대답하여 가로되 백성이 예물
          을 여호와의 전에 드리기 시작함으로부터 우리가 족하게 먹었
          으나 남은 것이 많으니 이는 여호와께서 그 백성에게 복을 주
          셨음이라 그 남은 것이 이렇게 많이 쌓였나이다

행 14:16   하나님이 지나간 세대에는 모든 족속으로 자기의 길들을 다니
          게 묵인하셨으나

행 14:17   그러나 자기를 증거하지 아니하신 것이 아니니 곧 너희에게
          하늘로서 비를 내리시며 결실기를 주시는 선한 일을 하사 음
          식과 기쁨으로 너희 마음에 만족케 하셨느니라 하고

창 31:9   하나님이 이같이 그대들의 아버지의 짐승을 빼앗아 내게 **주셨**
          느니라

모든 것을 이루심

전 11:5 　바람의 길이 어떠함과 아이 밴 자의 태에서 뼈가 어떻게 자라
　　　　는 것을 네가 알지 못함 같이 만사를 성취하시는 하나님의 일
　　　　을 네가 알지 못하느니라

렘 33:2 　일을 행하는 여호와, 그것을 지어 성취하는 여호와, 그 이름을
　　　　여호와라 하는 자가 이같이 이르노라

겔 17:24 　들의 모든 나무가 나 여호와는 높은 나무를 낮추고 낮은 나무
　　　　를 높이며 푸른 나무를 말리우고 마른 나무를 무성케 하는 줄
　　　　알리라 나 여호와는 말하고 이루느니라 하라

신 2:7 　네 하나님 여호와가 너의 하는 모든 일에 네게 복을 주고 네가
　　　　이 큰 광야에 두루 행함을 알고 네 하나님 여호와가 이 사십년
　　　　동안을 너와 함께 하였으므로 네게 부족함이 없었느니라 하셨
　　　　다 하라 하시기로

전 9:1 　내가 마음을 다하여 이 모든 일을 궁구하며 살펴 본즉 의인과
　　　　지혜자나 그들의 행하는 일이나 다 하나님의 손에 있으니 사
　　　　랑을 받을는지 미움을 받을는지 사람이 알지 못하는 것은 모
　　　　두 그 미래 임이니라

시 75:6 대저 높이는 일이 동에서나 서에서 말미암지 아니하며 남에서
도 말미암지 아니하고

시 75:7 오직 재판장이신 하나님이 이를 낮추시고 저를 높이시느니라

사 26:12 여호와여 주께서 우리를 위하여 평강을 베푸시오리니 주께서
우리 모든 일을 우리를 위하여 이루심이니이다

잠 29:26 주권자에게 은혜를 구하는 자가 많으나 사람의 일의 작정은
여호와께로 말미암느니라

롬 9:19 혹 네가 내게 말하기를 그러면 하나님이 어찌하여 허물하시느
뇨 누가 그 뜻을 대적하느뇨 하리니

롬 9:20 이 사람아 네가 뉘기에 감히 하나님을 힐문하느뇨 지음을 받은
물건이 지은 자에게 어찌 나를 이같이 만들었느냐 말하겠느뇨

롬 9:21 토기장이가 진흙 한 덩이로 하나는 귀히 쓸 그릇을, 하나는 천
히 쓸 그릇을 만드는 권이 없느냐

롬 9:22 만일 하나님이 그 진노를 보이시고 그 능력을 알게 하고자 하사
멸하기로 준비된 진노의 그릇을 오래 참으심으로 관용하시고

롬 9:23 또한 영광 받기로 예비하신 바 긍휼의 그릇에 대하여 그 영광
의 부요함을 알게 하고자 하셨을지라도 무슨 말 하리요

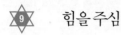 **힘을 주심**

시 68:35 　하나님이여 위엄을 성소에서 나타내시나이다 이스라엘의 하나
　　　　　님은 그 백성에게 힘과 능을 주시나니 하나님을 찬송할지어다

사 40:31 　오직 여호와를 앙망하는 자는 새 힘을 얻으리니 독수리의 날
　　　　　개치며 올라감 같을 것이요 달음박질하여도 곤비치 아니하겠
　　　　　고 걸어가도 피곤치 아니하리로다

잠 16:9 　사람이 마음으로 자기의 길을 계획할지라도 그 걸음을 인도하
　　　　　는 자는 여호와시니라

미래를 알 수 없게 하심

전 8:17 하나님의 모든 행사를 살펴보니 해 아래서 하시는 일을 사람이 능히 깨달을 수 없도다 사람이 아무리 애써 궁구할지라도 능히 깨닫지 못하나니 비록 지혜자가 아노라 할지라도 능히 깨닫지 못하리로다

전 9:1 내가 마음을 다하여 이 모든 일을 궁구하며 살펴 본즉 의인과 지혜자나 그들의 행하는 일이나 다 하나님의 손에 있으니 사랑을 받을는지 미움을 받을는지 사람이 알지 못하는 것은 모두 그 미래 임이니라

이혼했을 때 가장 힘이 된 말씀

사람이 가장 충격을 받는 사건 1위는 '죽음'이고, 2위는 '이혼'이다. 그리고 성경에서 '하나님이 짝 지어주신 것이므로 헤어지지 말라'라고 되어있지만, 나는 이혼했었다.

마 19:4   예수께서 대답하여 가라사대 사람을 지으신 이가 본래 저희를 남자와 여자로 만드시고

마 19:5   말씀하시기를 이러므로 사람이 그 부모를 떠나서 아내에게 합하여 그 둘이 한 몸이 될지니라하신 것을 읽지 못하였느냐

마 19:6   이러한즉 이제 둘이 아니요 한 몸이니 그러므로 하나님이 짝지어 주신 것을 사람이 나누지 못할지니라 하시니

믿는 사람 사이에서는 바람을 핀 것을 제외하고는 헤어지면 안되지만, 믿지 않는 사람과는 헤어져도 된다고 신약에 나와 있다.

고전 7:15   혹 믿지 아니하는 자가 갈리거든 갈리게 하라 형제나 자매나 이런 일에 구속 받을 것이 없느니라 그러나 하나님은 화평 중에서 너희를 부르셨느니라

내가 이혼한 이유는 전처가 더이상 서로 맞춰갈 뜻이 없을 때였고, '성경 말씀 중에 중요한 부분을 지키는 것'도 하지 않았다. 결국 헤어졌고, 혼자 아이 둘을 키우며 살았다.

이혼하기 전에는 '이혼이란 쌍방의 잘못' 때문에 벌어지며, 모든 이혼은 다 잘못됐다고 믿었다. 그런데 막상 경험해 보니 내가 결혼한 것도, 이혼한 것도 내 마음대로 할 수 없었다. 그리고 이혼에 내 잘못이 별로 없다면, 당연히 더 좋은 사람과 결혼할 수 있어야 성경적으로 옳다.

하나님 말씀을 지키는 사람은 세상에서 봤을 때 '바보같은 짓'이다. 나는 하나님의 말씀을 지키며 살려고 하는데다가, 아이도 둘 딸려있지만, 당연히 내가 다시 결혼할 수 있게 해주시리라 믿었다. 그렇게 믿을 수 있었던 이유는 두가지인데, 하나는 하나님께서 사람을 창조하실 때 '마음'까지 창조하셨다는 점이었다. 그러니 마음을 움직이는 것은 하나님이고 하나님께서 허락하시면 가능하리라 믿었다.

또 하나는 하나님을 믿는다는 이유로 이혼을 당하면 100배를 돌려주신다는 구절 때문이었다.

눅 18:29   이르시되 내가 진실로 너희에게 이르노니 하나님의
          나라를 위하여 집이나 아내나 형제나 부모나 자녀를
          버린 자는

눅 18:30   금세에 있어 여러 배를 받고 내세에 영생을 받지 못할
          자가 없느니라 하시니라

막 10:29   예수께서 가라사대 내가 진실로 너희에게 이르노니
          나와 및 복음을 위하여 집이나 형제나 자매나 어미나
          아비나 자식이나 전토를 버린 자는

막 10:30   금세에 있어 집과 형제와 자매와 모친과 자식과 전토
          를 백배나 받되 핍박을 겸하여 받고 내세에 영생을 받
          지 못할 자가 없느니라

고난을 이겨낼 수 있었던 것은 '희망' 때문이었고, '희망'에 확
신을 준 것은 성경 말씀 덕분이었다.

부자 되는 법   3

모든 것이 하나님 것이라면 '돈'도 하나님 것이다. 다만, 하나님은 공평하시기에, 이유 없이 누군가를 부자로 만들거나 가난하게 만들지는 않으신다. 언제 하나님께서 '돈'을 주시거나 빼앗으실까?

가난해지는 이유

잠 22:16 이를 얻으려고 가난한 자를 학대하는 자와 부자에게 주는 자는 가난하여질 뿐이니라

잠 21:6 속이는 말로 재물을 모으는 것은 죽음을 구하는 것이라 곧 불려 다니는 안개니라

잠 28:8 중한 변리로 자기 재산을 많아지게 하는 것은 가난한 사람 불쌍히 여기는 자를 위하여 그 재산을 저축하는 것이니라

잠 21:17 연락을 좋아하는 자는 가난하게 되고 술과 기름을 좋아하는 자는 부하게 되지 못하느니라

잠 6:10 좀더 자자, 좀더 졸자, 손을 모으고 좀더 눕자 하면
잠 6:11 네 빈궁이 강도 같이 오며 네 곤핍이 군사 같이 이르리라

잠 20:13 너는 잠자기를 좋아하지 말라 네가 빈궁하게 될까 두려우니라 네 눈을 뜨라 그리하면 양식에 족하리라

부지런하면 돈을 번다

잠 12:27 게으른 자는 그 잡을 것도 사냥하지 아니하나니 사람의 부귀
는 부지런한 것이니라

잠 10:4 손을 게으르게 놀리는 자는 가난하게 되고 손이 부지런한 자
는 부하게 되느니라

잠 12:24 부지런한 자의 손은 사람을 다스리게 되어도 게으른 자는 부
림을 받느니라

잠 21:5 부지런한 자의 경영은 풍부함에 이를 것이나 조급한 자는 궁
핍함에 이를 따름이니라

잠 28:19 자기의 토지를 경작하는 자는 먹을 것이 많으려니와 방탕을
좇는 자는 궁핍함이 많으리라

전 11:6 너는 아침에 씨를 뿌리고 저녁에도 손을 거두지 말라 이것이
잘될는지, 저것이 잘 될는지, 혹 둘이 다 잘 될는지 알지 못함
이니라

3 기부하면 더 크게 돌려 받는다

눅 6:38   주라 그리하면 너희에게 줄 것이니 곧 후히 되어 누르고 흔들
          어 넘치도록 **하여 너희에게 안겨 주리라 너희의 헤아리는 그**
          헤아림으로 너희도 헤아림을 도로 받을 것이니라

잠 11:25   구제를 좋아하는 자는 풍족**하여질 것이요 남을 윤택하게 하는**
          자는 윤택하여지리라

잠 28:27   가난한 자를 구제하는 자는 궁핍하지 아니 하려니와 **못 본 체**
          하는 자에게는 저주가 많으리라

행 20:35   범사에 너희에게 모본을 보였노니 곧 이같이 수고하여 약한
          사람들을 돕고 또 주 예수의 친히 말씀하신 바 주는 것이 받는
          것보다 복이 있다 **하심을 기억하여야 할지니라**

지혜로우면 돈을 번다

잠 8:12	나 지혜는 명철로 주소를 삼으며 지식과 근신을 찾아 얻나니
잠 8:13	여호와를 경외하는 것은 악을 미워하는 것이라 나는 교만과 거만과 악한 행실과 패역한 입을 미워하느니라
잠 8:14	내게는 도략과 참 지식이 있으며 나는 명철이라 내게 능력이 있으므로
잠 8:15	나로 말미암아 왕들이 치리하며 방백들이 공의를 세우며
잠 8:16	나로 말미암아 재상과 존귀한 자 곧 세상의 모든 재판관들이 다스리느니라
잠 8:17	나를 사랑하는 자들이 나의 사랑을 입으며 나를 간절히 찾는 자가 나를 만날 것이니라
잠 8:18	부귀가 내게 있고 장구한 재물과 의도 그러하니라
잠 8:19	내 열매는 금이나 정금보다 나으며 내 소득은 천은보다 나으니라
잠 8:20	나는 의로운 길로 행하며 공평한 길 가운데로 다니나니
잠 8:21	이는 나를 사랑하는 자로 재물을 얻어서 그 곳간에 채우게 하려 함이니라

첫 열매와 십일조를 드리면 더 돌려 받는다

잠 3:9   네 재물과 네 소산물의 처음 익은 열매로 여호와를 공경하라

잠 3:10 그리하면 네 창고가 가득히 차고 네 즙틀에 새 포도즙이 넘치
         리라

말 3:8   사람이 어찌 하나님의 것을 도적질하겠느냐 그러나 너희는 나
         의 것을 도적질하고도 말하기를 우리가 어떻게 주의 것을 도
         적질하였나이까 하도다 이는 곧 십일조와 헌물이라

말 3:9   너희 곧 온 나라가 나의 것을 도적질하였으므로 너희가 저주
         를 받았느니라

말 3:10 만군의 여호와가 이르노라 너희의 온전한 십일조를 창고에 들
         여 나의 집에 양식이 있게 하고 그것으로 나를 시험하여 내가
         하늘 문을 열고 너희에게 복을 쌓을 곳이 없도록 붓지 아니하
         나 보라

그 외에 돈을 주시는 경우

시 22:26 겸손한 자는 먹고 배부를 것이며 **여호와를 찾는 자는 그를 찬**
송할 것이라 너희 마음은 영원히 살지어다

잠 28:25 **마음이 탐하는 자는 다툼을 일으키나** 여호와를 의지하는 자는
풍족하게 되느니라

잠 10:22 여호와께서 복을 주시므로 사람으로 부하게 하시고 **근심을 겸**
하여 주지 아니하시느니라

악한자에게도 돈을 주신다.

렘 12:1　　여호와여 내가 주와 쟁변할 때에는 주는 의로우시니이다 그러
　　　　　나 내가 주께 질문하옵나니 악한 자의 길이 형통하며 패역한
　　　　　자가 다 안락함은 무슨 연고니이까

렘 12:2　　주께서 그들을 심으시므로 그들이 뿌리가 박히고 장성하여 열
　　　　　매를 맺었거늘 그들의 입은 주께 가까우나 그 마음은 머니이다

욥 12:6　　강도의 장막은 형통하고 하나님을 진노케 하는 자가 평안하니
　　　　　하나님이 그 손에 후히 주심이니라

마 19:23   예수께서 제자들에게 이르시되 내가 진실로 너희에게 이르노니 부자는 천국에 들어가기가 어려우니라

마 19:24   다시 너희에게 말하노니 약대가 바늘귀로 들어가는 것이 부자가 하나님의 나라에 들어가는 것보다 쉬우니라 하신대

눅 6:24   그러나 화 있을진저 너희 부요한 자여 **너희는 너희의 위로를 이미 받았도다**

눅 6:25   화 있을진저 너희 이제 배부른 자여 너희는 주리리로다 화 있을 진저 너희 이제 웃는 자여 너희가 애통하며 울리로다

눅 6:26   모든 사람이 너희를 칭찬하면 화가 있도다 저희 조상들이 거짓 선지자들에게 이와 같이 하였느니라

눅 12:15   저희에게 이르시되 삼가 모든 탐심을 물리치라 사람의 생명이 그 소유의 넉넉한데 있지 아니하니라 하시고

눅 16:24   불러 가로되 아버지 아브라함이여 나를 긍휼히 여기사 나사로를 보내어 그 손가락 끝에 물을 찍어 내 혀를 서늘하게 하소서 내가 이 불꽃 가운데서 고민하나이다

눅 16:25   아브라함이 가로되 애 너는 살았을 때에 네 좋은 것을 받았고 나사로는 고난을 받았으니 이것을 기억하라 이제 저는 여기서

위로를 받고 너는 고민을 받느니라

눅 16:13　집 하인이 두 주인을 섬길 수 없나니 혹 이를 미워하고 저를 사
　　　　랑하거나 혹 이를 중히 여기고 저를 경히 여길 것임이니라 너
　　　　희가 하나님과 재물을 겸하여 섬길 수 없느니라
눅 16:14　바리새인들은 돈을 좋아하는 자라 이 모든 것을 듣고 비웃거늘
눅 16:15　예수께서 이르시되 너희는 사람 앞에서 스스로 옳다 하는 자
　　　　이나 너희 마음을 하나님께서 아시나니 사람 중에 높임을 받
　　　　는 그것은 하나님 앞에 미움을 받는 것이니라

잠 23:4　부자 되기에 애쓰지 말고 네 사사로운 지혜를 버릴지어다
잠 23:5　네가 어찌 허무한 것에 주목하겠느냐 정녕히 재물은 날개를
　　　　내어 하늘에 나는 독수리처럼 날아가리라

약 5:1　들으라 부한 자들아 너희에게 임할 고생을 인하여 울고 통곡
　　　　하라
약 5:2　너희 재물은 썩었고 너희 옷은 좀먹었으며
약 5:3　너희 금과 은은 녹이 슬었으니 이 녹이 너희에게 증거가 되며
　　　　불같이 너희 살을 먹으리라 너희가 말세에 재물을 쌓았도다
약 5:4　보라 너희 밭에 추수한 품군에게 주지 아니한 삯이 소리 지르

며 추수한 자의 우는 소리가 만군의 주의 귀에 들렸느니라

약 5:5   너희가 땅에서 사치하고 연락하여 도살의 날에 너희 마음을 살지게 하였도다

딤전 6:6   그러나 지족하는 마음이 있으면 경건이 큰 이익이 되느니라

딤전 6:7   우리가 세상에 아무 것도 가지고 온 것이 없으매 또한 아무 것도 가지고 가지 못하리니

딤전 6:8   우리가 먹을 것과 입을 것이 있은즉 족한 줄로 알 것이니라

딤전 6:9   부하려 하는 자들은 시험과 올무와 여러가지 어리석고 해로운 정욕에 떨어지나니 곧 사람으로 침륜과 멸망에 빠지게 하는 것이라

딤전 6:10   돈을 사랑함이 일만 악의 뿌리가 되나니 이것을 사모하는 자들이 미혹을 받아 믿음에서 떠나 많은 근심으로써 자기를 찔렀도다

부자가 천국에 갈 수 있을까?

예수께서 '천국'을 보석에 비유하셨다. 값진 보석(천국)을 사기 위해 자기가 가진 모든 것을 바치는 비유이다.

마 13:45 　또 천국은 마치 좋은 진주를 구하는 장사와 같으니

마 13:46 　극히 값진 진주 하나를 만나매 가서 자기의 소유를 다
　　　　　팔아 그 진주를 샀느니라

하지만 '부자 청년'은 예수 말씀을 따르기 위해 가진 것을 다
팔지 못한다.

마 19:21 　예수께서 가라사대 네가 온전하고자 할진대 가서 네 소
　　　　　유를 팔아 가난한 자들을 주라 그리하면 하늘에서 보화
　　　　　가 네게 있으리라 그리고 와서 나를 좇으라 하시니

마 19:22 　그 청년이 재물이 많으므로 이 말씀을 듣고 근심하며
　　　　　가니라

내가 부자 청년이었다면 모든 걸 버리고 예수를 따를 수 있
었을까? 아마 따를 것 같지만, 사람 일이란 게 그 상황이 되기
전까지는 알 수 없다.

이후에 예수께서 부자가 천국 가기가 '낙타가 바늘귀에 들어가기 보다 어렵다'고 하시자, 제자들이 그러면 '누가 천국에 들어갈 수 있겠느냐?'라고 하신다.

마 19:23   예수께서 제자들에게 이르시되 내가 진실로 너희에게 이르노니 부자는 천국에 들어가기가 어려우니라

마 19:24   다시 너희에게 말하노니 약대가 바늘귀로 들어가는 것이 부자가 하나님의 나라에 들어가는 것보다 쉬우니라 하신대

마 19:25   제자들이 듣고 심히 놀라 가로되 그런즉 누가 구원을 얻을 수 있으리이까

사람으로서는 불가능하지만 '하나님으로서는 가능'하다고 말씀하시는데,

마 19:26   예수께서 저희를 보시며 가라사대 사람으로는 할 수 없으되 하나님으로서는 다 할 수 있느니라

성경에서 부자지만 천국에 들어간 경우가 꽤 많이 있다. 욥은 세계적으로 꼽히는 부자였고, 아브라함, 야곱, 요셉도 부자였

다. 그 외에도 왕이었던 다윗도 부자였다. 이들 모두 천국에 들어갔을 것이다.

욥은 사탄이 작정하고 고통의 끝을 보여줬고, 아브라함은 온 가족이 포경수술을 하고, 자식을 바쳐야 했다. 그리고 하나님께서 이삭을 주시기까지 25년이 걸렸다. 야곱은 20년간 처가살이를 했고(본인의 욕심 탓이 더 컸지만), 다리를 절게 됐다. 요셉, 다윗은 보통 사람은 겪기 힘들만한 고난과 시련을 겪었다.

어떤 사람한테 가난하지만 천국에 가는 인생과 부자로 사는 대신 욥같은 시험을 견디는 인생 중에 선택하라고 한다면, 욥의 인생을 선택할 사람은 거의 없을 것이다.

나는 중산층이다. 먹고 살 만큼은 벌지만 넉넉하지는 않다. 지금보다는 부자가 되고 싶은데, 하고 싶은 일들을 더 빨리, 많이 하고 싶기 때문이다.

본업인 '영어 책 집필' 외에 음악도 만들고, 소설도 쓰고 싶다. 성경 관련 일도 더 하고 싶다. 성경 관련 책이나 물건을 만들면 그 수익금 전액을 다른 성경 관련 일을 하거나 남을 돕는데 쓰고 있다. 물론 내가 아주 먹고 살기 어렵다면 생활비로 쓸 수 있겠지만, 약 10년간 출판사를 운영하는 동안 그런 적은 없었다. 제작비가 부족해서 2번 가량 십일조에서 썼다가 1~2달 내에 갚았다.

내가 부자가 되고 싶기에 성경에서 제시하는 것처럼, 부지런하게 살고, 적은 돈이나마 다른 사람들을 돕는데 쓴다. 첫 열매와 십일조도 내가 할 수 있는 만큼 낸다.

하나님께서는 악인들이 원하는 것들도 이뤄주신다. 옳게 사는 사람의 뜻은 당연히 이뤄주신다. 만약 내가 부자가 됐을 때 나쁘게 변할 사람이 아니라면, 당연히 부자가 될 것이다. 이미 그러한 부분에서는 시험을 견디고 자격을 얻었다고 생각한다. 그러니 시기가 문제이지 하나님께서 필요한 이상으로 넉넉히 주시리라 믿는다.

땅을 얻는 법   4

땅을 사려면 열심히 돈을 모아야 한다고 생각한다. 하지만 현실은 종종 버는 양보다 땅 값이 빠르게 오르기에, 무리해서 대출을 해도 집을 살 수 없는 경우도 많다.

성경적으로는 하나님께서 주셔야만 땅을 가질 수 있다. 어떤 사람한테 주시는지 안다면, 그러한 사람이 되려고 노력할 것이다.

성경에서 '돈'에 대해서는 좋지 않은 구절도 많지만, '땅'에 대해서는 좋게 말한다.

땅은 하나님께서 주심

신 16:20　너는 마땅히 공의만 좇으라 그리하면 네가 살겠고 네 하나님
여호와께서 네게 주시는 땅을 얻으리라

렘 27:5　나는 내 큰 능과 나의 든 팔로 땅과 그 위에 있는 사람과 짐승
들을 만들고 나의 소견에 옳은 대로 땅을 사람에게 주었노라

창 28:4　아브라함에게 허락하신 복을 네게 주시되 너와 너와 함께 네
자손에게 주사 너로 하나님이 아브라함에게 주신 땅 곧 너의
우거하는 땅을 유업으로 받게 하시기를 원하노라

신 30:5　네 하나님 여호와께서 너를 네 열조가 얻은 땅으로 돌아오게
하사 너로 다시 그것을 얻게 하실 것이며 여호와께서 또 네게
선을 행하사 너로 네 열조보다 더 번성케 하실 것이며

출 20:12　네 부모를 공경하라 그리하면 너의 하나님 나 여호와가 네게
준 땅에서 네 생명이 길리라

신 4:40　오늘 내가 네게 명하는 여호와의 규례와 명령을 지키라 너와
네 후손이 복을 받아 네 하나님 여호와께서 네게 주시는 땅에
서 한 없이 오래 살리라

신 5:16 너는 너의 하나님 여호와의 명한 대로 네 부모를 공경하라 그리하면 너의 하나님 여호와가 네게 준 땅에서 네가 생명이 길고 복을 누리리라

출 6:8 내가 아브라함과 이삭과 야곱에게 주기로 맹세한 땅으로 너희를 인도하고 그 땅을 너희에게 주어 기업을 삼게 하리라 나는 여호와로라 하셨다 하라

시 136:21 저희의 땅을 기업으로 주신 이에게 감사하라 그 인자하심이 영원함이로다

시 37:22 주의 복을 받은 자는 땅을 차지하고 주의 저주를 받은 자는 끊어 지리로다

온유한 자가 땅을 얻음

마 5:5   온유한 자는 복이 있나니 저희가 땅을 기업으로 받을 것임이요

시 37:11   오직 온유한 자는 땅을 차지하며 풍부한 화평으로 즐기리로다

의로운 자가 땅을 얻음 (p.239 참고)

신 16:20 　너는 마땅히 공의만 좇으라 그리하면 네가 살겠고 네 하나님 여호와께서 네게 주시는 땅을 얻으리라

시 37:29 　의인이 땅을 차지함이여 거기 영영히 거하리로다

겔 33:25 　그러므로 너는 그들에게 이르기를 주 여호와의 말씀에 너희가 피 있는 고기를 먹으며 너희 우상들에게 눈을 들며 피를 흘리니 그 땅이 너희의 기업이 될까보냐

겔 33:26 　너희가 칼을 믿어 가증한 일을 행하며 각기 이웃의 아내를 더럽히니 그 땅이 너희의 기업이 될까보냐 하고

렘 7:5 　너희가 만일 길과 행위를 참으로 바르게 하여 이웃들 사이에 공의를 행하며

렘 7:6 　이방인과 고아와 과부를 압제하지 말며 무죄한 자의 피를 이 곳에서 흘리지 아니하며 다른 신들을 좇아 스스로 해하지 아니하면

렘 7:7 　내가 너희를 이곳에 거하게 하리니 곧 너희 조상에게 영원 무궁히 준 이 땅에니라.

하나님의 뜻(율법)을 지키면 땅을 얻음 (p.277 참고)

수 14:9   그 날에 모세가 맹세하여 가로되 네가 나의 하나님 여호와를
          온전히 좇았은즉 네 발로 밟는 땅은 영영히 너와 네 자손의 기
          업이 되리라 하였나이다

신 6:17   너희의 하나님 여호와께서 너희에게 명하신 명령과 증거하신
          것과 규례를 삼가 지키며

신 6:18   여호와의 보시기에 정직하고 선량한 일을 행하라 그리하면 네
          가 복을 얻고 여호와께서 네 열조에게 맹세하사 네 대적을 몰
          수히 네 앞에서 쫓아내리라 하신 아름다운 땅을 들어가서 얻
          으리니 여호와의 말씀과 같으리라

왕하 21:8 만일 이스라엘이 나의 모든 명령과 나의 종 모세의 명한 모든
          율법을 지켜 행하면 내가 그들의 발로 다시는 그 열조에게 준
          땅에서 떠나 유리하지 않게 하리라 하셨으나

수 14:13 여호수아가 여분네의 아들 갈렙을 위하여 축복하고 헤브론을
          그에게 주어 기업을 삼게 하매

수 14:14 헤브론이 그니스 사람 여분네의 아들 갈렙의 기업이 되어 오
          늘날까지 이르렀으니 이는 그가 이스라엘의 하나님 여호와를
          온전히 좇았음이며

민 14:24   오직 내 종 갈렙은 그 마음이 그들과 달라서 나를 온전히 좇았은즉 그의 갔던 땅으로 내가 그를 인도하여 들이리니 그 자손이 그 땅을 차지하리라

사 57:13   네가 부르짖을 때에 네가 모은 우상으로 너를 구원하게 하라 그것은 다 바람에 떠 가겠고 기운에 불려갈 것이로되 나를 의뢰하는 자는 땅을 차지하겠고 나의 거룩한 산을 기업으로 얻으리라

신 11:22   너희가 만일 내가 너희에게 명하는 이 모든 명령을 잘 지켜 행하여 너희 하나님 여호와를 사랑하고 그 모든 도를 행하여 그에게 부종하면

신 11:23   여호와께서 그 모든 나라 백성을 너희 앞에서 다 쫓아내실 것이라 너희가 너희보다 강대한 나라들을 얻을 것인즉

신 11:24   너희의 발바닥으로 밟는 곳은 다 너희 소유가 되리니 너희의 경계는 곧 광야에서부터 레바논까지와 유브라데 하수라 하는 하수에서 서해까지라

레 25:18   너희는 내 법도를 행하며 내 규례를 지켜 행하라 그리하면 너희가 그 땅에 안전히 거할 것이라

레 25:19 땅은 그 산물을 내리니 너희가 배불리 먹고 거기 안전히 거하리라

레 20:22 너희는 나의 모든 규례와 법도를 지켜 행하라 그리하여야 내가 너희를 인도하여 거하게 하는 땅이 너희를 토하지 아니하리라

출 34:22 칠칠절 곧 맥추의 초실절을 지키고 가을에는 수장절을 지키라

출 34:23 너희 모든 남자는 매년 세번씩 주 여호와 이스라엘의 하나님 앞에 보일지라

출 34:24 내가 열방을 네 앞에서 쫓아내고 네 지경을 넓히리니 네가 매년 세번씩 여호와 너희 하나님께 보이러 올 때에 아무 사람도 네 땅을 탐내어 엿보지 못하리라

시 37:34 여호와를 바라고 그 도를 지키라 그리하면 너를 들어 땅을 차지하게 하실 것이라 악인이 끊어질 때에 네가 목도하리로다

시 37:9 대저 행악하는 자는 끊어질 것이나 여호와를 기대하는 자는 땅을 차지하리로다

땅을 가진 사람들의 특징

한국에서 자가에 거주하는 사람은 인구의 절반 정도이고, 나머지 절반은 전세나 월세이다. 성경적으로는 집을 가진 절반이 나머지보다 '더 온유한 사람'이기 때문이다. 어떤 사람이 성경을 믿고 안 믿고를 떠나, 온유한데도 불구하고 본인의 땅(집)이 없다면 성경이 잘못된 것이다.

마 5:5   온유한 자는 복이 있나니 저희가 땅을 기업으로 받을 것임이요

시 37:11   오직 온유한 자는 땅을 차지하며 풍부한 화평으로 즐기리로다

그러므로 더 큰 집을 가진 사람은 성경적으로는 '더 온유한 사람(성격이 온화한 사람)'일 것이다.

나는 30대 중반, 2016년에 첫 집을 가졌다. 이후로는 '자가'에 살고 있다. 교육을 위해 다른 집으로 이사갈 생각도 있다. 그러기 위해서 성경적으로는 돈을 더 많이 모으는 것보다 '더 온유해지기 위해' 노력해야 될 것이다.

사업과 명예   5

돈이 물질적인 복이라면, 명예는 정신적인 복이다. 그리
고 명예에는 돈이 따라오기에, 물질적인 복과 정신적인
복을 명확히 구분하기는 어렵다. 그래도 성경에서 명예
로 보이는 부분을 넣으려고 했다.

겸손한 자

마 23:11 너희 중에 큰 자는 너희를 섬기는 자가 되어야 하리라

마 23:12 누구든지 자기를 높이는 자는 낮아지고 누구든지 자기를 낮추
는 자는 높아지리라

눅 14:11 무릇 자기를 높이는 자는 낮아지고 자기를 낮추는 자는 높아
지리라

마 20:26 너희 중에는 그렇지 아니하니 너희 중에 누구든지 크고자 하
는 자는 너희를 섬기는 자가 되고

마 20:27 너희 중에 누구든지 으뜸이 되고자 하는 자는 너희 종이 되어
야 하리라

마 20:28 인자가 온 것은 섬김을 받으려 함이 아니라 도리어 섬기려 하
고 자기 목숨을 많은 사람의 대속물로 주려 함이니라

막 9:35 예수께서 앉으사 열 두 제자를 불러서 이르시되 아무든지 첫
째가 되고자 하면 뭇 사람의 끝이 되며 뭇 사람을 섬기는 자가
되어야 하리라 하시고

눅 9:48 저희에게 이르시되 누구든지 내 이름으로 이 어린 아이를 영
접하면 곧 나를 영접함이요 또 누구든지 나를 영접하면 곧 나

보내신 이를 영접함이라 너희 모든 사람 중에 가장 작은 그이가 큰 자니라

눅 18:14   내가 너희에게 이르노니 이 사람이 저보다 의롭다 하심을 받고 집에 내려 갔느니라 무릇 자기를 높이는 자는 낮아지고 자기를 낮추는 자는 높아지리라 하시니라

요 13:14   내가 주와 또는 선생이 되어 너희 발을 씻겼으니 너희도 서로 발을 씻기는 것이 옳으니라

요 13:15   내가 너희에게 행한 것같이 너희도 행하게 하려하여 본을 보였노라

요 13:16   내가 진실로 진실로 너희에게 이르노니 종이 상전보다 크지 못하고 보냄을 받은 자가 보낸자 보다 크지 못하니

요 13:17   너희가 이것을 알고 행하면 복이 있으리라

벧전 5:5   젊은 자들아 이와 같이 장로들에게 순복하고 다 서로 겸손으로 허리를 동이라 하나님이 교만한 자를 대적하시되 겸손한 자들에게는 은혜를 주시느니라

벧전 5:6   그러므로 하나님의 능하신 손 아래서 겸손하라 때가 되면 너희를 높이시리라

잠 15:33   **여호와를 경외하는 것은 지혜의 훈계라** 겸손은 존귀의 앞잡이 니라

잠 29:23   **사람이 교만하면 낮아지게 되겠고 마음이 겸손하면** 영예를 얻 으리라

신 17:18   **그가 왕위에 오르거든 레위 사람 제사장 앞에 보관한 이 율법 서를 등사하여**

신 17:19   평생에 자기 옆에 두고 읽어서 그 하나님 여호와 경외하기를 배우며 이 율법의 모든 말과 이 규례를 지켜 행할 것이라

신 17:20   그리하면 그의 마음이 그 형제 위에 교만하지 아니하고 **이 명 령에서 떠나 좌로나 우로나 치우치지 아니하리니 이스라엘 중 에서 그와 그의** 자손의 왕위에 있는 날이 장구**하리라**

구제하는 자

시 112:5　은혜를 베풀며 꾸이는 자는 잘 되나니 그 일을 공의로 하리로다

시 112:6　저가 영영히 요동치 아니함이여 의인은 영원히 기념하게 되리로다

시 112:9　저가 재물을 흩어 빈궁한 자에게 주었으니 그 의가 영원히 있고 그 뿔이 영화로이 들리리로다

시 37:25　내가 어려서부터 늙기까지 의인이 버림을 당하거나 그 자손이 걸식함을 보지 못하였도다

시 37:26　저는 종일토록 은혜를 베풀고 꾸어주니 그 자손이 복을 받는도다

사 58:10　주린 자에게 네 심정을 동하며 괴로와하는 자의 마음을 만족케 하면 네 빛이 흑암 중에서 발하여 네 어두움이 낮과 같이 될 것이며

사 58:11　나 여호와가 너를 항상 인도하여 마른 곳에서도 네 영혼을 만족케 하며 네 뼈를 견고케 하리니 너는 물 댄 동산 같겠고 물이 끊어지지 아니하는 샘 같을 것이라

사 58:12　네게서 날 자들이 오래 황폐된 곳들을 다시 세울 것이며 너는 역대의 파괴된 기초를 쌓으리니 너를 일컬어 무너진 데를 수보하는 자라 할 것이며 길을 수축하여 거할 곳이 되게 하는 자라 하리라

안식일을 지키는 자

사 58:13 　만일 안식일에 네 발을 금하여 내 성일에 오락을 행치 아니하
고 안식일을 일컬어 즐거운 날이라, 여호와의 성일을 존귀한
날이라 하여 이를 존귀히 여기고 네 길로 행치 아니하며 네 오
락을 구치 아니하며 사사로운 말을 하지 아니하면

사 58:14 　네가 여호와의 안에서 즐거움을 얻을 것이라 내가 너를 땅의
높은 곳에 올리고 네 조상 야곱의 업으로 기르리라 여호와의
입의 말이니라

렘 17:24 　나 여호와가 말하노라 너희가 만일 삼가 나를 청종하여 안식
일에 짐을 지고 이 성문으로 들어오지 아니하며 안식일을 거
룩히 하여 아무 일이든지 하지 아니하면

렘 17:25 　다윗의 위에 앉는 왕들과 방백들이 병거와 말을 타고 이 성문
으로 들어오되 그들과 유다 모든 백성과 예루살렘 거민들이
함께 그리할 것이요 이 성은 영영히 있을 것이며

기도하는 자

렘 17:7 　그러나 무릇 여호와를 의지하며 여호와를 의뢰하는 그 사람은
　　　　 복을 받을 것이라

렘 17:8 　그는 물가에 심기운 나무가 그 뿌리를 강변에 뻗치고 더위가
　　　　 올지라도 두려워 아니하며 그 잎이 청청하며 가무는 해에도
　　　　 걱정이 없고 결실이 그치지 아니함 같으리라

시 125:1 　(성전에 올라가는 노래) 여호와를 의뢰하는 자는 시온산이 요
　　　　 동치 아니하고 영원히 있음 같도다

욥 8:5 　네가 만일 하나님을 부지런히 구하며 전능하신 이에게 빌고

욥 8:6 　또 청결하고 정직하면 정녕 너를 돌아보시고 네 의로운 집으
　　　　 로 형통하게 하실 것이라

욥 8:7 　네 시작은 미약하였으나 네 나중은 심히 창대하리라

정직한 자

욥 8:6   **또 청결하고** 정직하면 정녕 너를 돌아보시고 네 의로운 집으
         로 형통하게 하실 것이라

욥 8:7   **네 시작은 미약하였으나 네 나중은 심히 창대하리라**

잠 15:19 **게으른 자의 길은 가시울타리 같으나** 정직한 자의 길은 대로
         니라

시 112:4 정직한 자에게는 흑암 중에 빛이 일어나나니 그는 어질고 자
         비하고 의로운 자로다

욥 17:9   **그러므로 의인은 그 길을 독실히 행하고** 손이 깨끗한 자는 점
         점 힘을 얻느니라

고통받는 자

시 68:6 **하나님은** 고독한 자로 가속 중에 처하게 하시며 수금(사로잡힌)된 자를 이끌어 내사 형통케 **하시느니라** 오직 거역하는 자의 거처는 메마른 땅이로다

시 84:5 주께 힘을 얻고 그 마음에 시온의 대로가 있는 자는 복이 있나이다

시 84:6 **저희는** 눈물 골짜기로 통행할 때에 그곳으로 많은 샘의 곳이 되게 하며 이른 비도 은택을 **입히나이다**

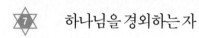 **7** 하나님을 경외하는 자

렘 17:7   그러나 무릇 여호와를 의지하며 여호와를 의뢰하는 그 사람은 복을 받을 것이라

렘 17:8   그는 물가에 심기운 나무가 그 뿌리를 강변에 뻗치고 더위가 올지라도 두려워 아니하며 그 잎이 청청하며 가무는 해에도 걱정이 없고 결실이 그치지 아니함 같으리라

시 91:14   하나님이 가라사대 저가 나를 사랑한즉 내가 저를 건지리라 저가 내 이름을 안즉 내가 저를 높이리라

시 91:15   저가 내게 간구하리니 내가 응답하리라 저희 환난 때에 내가 저와 함께 하여 저를 건지고 영화롭게 하리라

시 91:16   내가 장수함으로 저를 만족케 하며 나의 구원으로 보이리라 하시도다

사 54:12   홍보석으로 네 성첩을 지으며 석류석으로 네 성문을 만들고 네 지경을 다 보석으로 꾸밀 것이며

사 54:13   네 모든 자녀는 여호와의 교훈을 받을 것이니 네 자녀는 크게 평강할 것이며

사 54:14   너는 의로 설 것이며 학대가 네게서 멀어질 것인즉 네가 두려워 아니할 것이며 공포 그것도 너를 가까이 못할 것이라

사 54:15   그들이 모일지라도 나로 말미암지 아니한 것이니 누구든지 모

여 너를 치는 자는 너를 인하여 패망하리라

사 54:16 숯불을 불어서 자기가 쓸만한 기계를 제조하는 장인도 내가
창조하였고 파괴하며 진멸하는 자도 내가 창조하였은즉

사 54:17 무릇 너를 치려고 제조된 기계가 날카롭지 못할 것이라 무릇
일어나 너를 대적하여 송사하는 혀는 네게 정죄를 당하리니
이는 여호와의 종들의 기업이요 이는 그들이 내게서 얻은 의
니라 여호와의 말이니라

시 112:1 할렐루야, 여호와를 경외하며 그 계명을 크게 즐거워하는 자
는 복이 있도다

시 112:2 그 후손이 땅에서 강성함이여 정직자의 후대가 복이 있으리로다

시 112:3 부요와 재물이 그 집에 있음이여 그 의가 영원히 있으리로다

시 34:9 너희 성도들아 여호와를 경외하라 저를 경외하는 자에게는 부
족함이 없도다

시 111:5 여호와께서 자기를 경외하는 자에게 양식을 주시며 그 언약을
영원히 기억하시리로다

잠 19:23 여호와를 경외하는 것은 사람으로 생명에 이르게 하는 것이라

경외하는 자는 족하게 지내고 **재앙을 만나지 아니하느니라**

시 25:3 주를 바라는 자는 수치를 당하지 아니하려니와 **무고히 속이는 자는 수치를 당하리이다**

시 25:4 **여호와여 주의 도를 내게 보이시고 주의 길을 내게 가르치소서**

시 60:4 주를 경외하는 자에게 기를 주시고 **진리를 위하여 달게 하셨나이다(셀라)**

시 60:5 **주의 사랑하시는 자를 건지시기 위하여 우리에게 응답하사 오른손으로 구원하소서**

시 128:1 **(성전에 올라가는 노래) 여호와를 경외하며 그 도에 행하는 자마다 복이 있도다**

시 128:2 **네가 네 손이 수고한 대로 먹을 것이라** 네가 복되고 형통하리로다

시 128:3 **네 집 내실에 있는 네 아내는 결실한 포도나무 같으며 네 상에 둘린 자식은 어린 감람나무 같으리로다**

전 8:12 **죄인이 백번 악을 행하고도 장수하거니와 내가 정녕히 아노니** 하나님을 경외하여 그 앞에서 경외하는 자가 잘 될 것이요

전 8:13 　악인은 잘 되지 못하며 장수하지 못하고 그 날이 그림자와 같
　　　　으리니 이는 하나님 앞에 경외하지 아니함이니라

합 3:19 　주 여호와는 나의 힘이시라 나의 발을 사슴과 같게 하사 나로
　　　　나의 높은 곳에 다니게 하시리로다 이 노래는 영장을 위하여
　　　　내 수금에 맞춘 것이니라

창 30:30 내가 오기 전에는 외삼촌의 소유가 적더니 번성하여 떼를 이
　　　　루었나이다 나의 공력을 따라 여호와께서 외삼촌에게 복을 주
　　　　셨나이다 그러나 나는 어느 때에나 내 집을 세우리이까

창 39:2 　여호와께서 요셉과 함께 하시므로 그가 형통한 자가 되어 그
　　　　주인 애굽 사람의 집에 있으니

창 39:5 　그가 요셉에게 자기 집과 그 모든 소유물을 주관하게 한 때부
　　　　터 여호와께서 요셉을 위하여 그 애굽 사람의 집에 복을 내리
　　　　시므로 여호와의 복이 그의 집과 밭에 있는 모든 소유에 미친
　　　　지라

의로운 자 (p.239 참고)

사 33:15 오직 의롭게 행하는 자, 정직히 말하는 자, 토색한 재물을 가증히 여기는 자, 손을 흔들어 뇌물을 받지 아니하는 자, 귀를 막아 피 흘리려는 꾀를 듣지 아니하는 자, 눈을 감아 악을 보지 아니하는 자,

사 33:16 그는 높은 곳에 거하리니 **견고한 바위가 그 보장이 되며 그 양식은 공급되고 그 물은 끊치지 아니하리라** 하셨느니라

롬 2:10 선을 행하는 각 사람에게는 영광과 존귀와 평강이 있으리니 **첫째는 유대인에게요 또한 헬라인에게라**

롬 2:11 **이는 하나님께서 외모로 사람을 취하지 아니하심이니라**

롬 2:12 **무릇 율법 없이 범죄한 자는 또한 율법 없이 망하고 무릇 율법이 있고 범죄한 자는 율법으로 말미암아 심판을 받으리라**

잠 10:24 악인에게는 그의 두려워하는 것이 임하거니와 의인은 그 원하는 것이 이루어지느니라

욥 22:23 **네가 만일 전능자에게로 돌아가고 또** 네 장막에서 불의를 멀리 버리면 다시 흥하리라

욥 22:28 네가 무엇을 경영하면 이루어질 것이요 **네 길에 빛이 비취리라**

시 92:12   의인은 종려나무 같이 번성하며 **레바논의 백향목 같이 발육하**

             리로다

시 92:13   **여호와의 집에 심겼음이여 우리 하나님의 궁정에서 흥왕하리**

             로다

시 92:14   늙어도 결실하며 진액이 풍족하고 빛이 청청하여

시 15:5   변리로 대금치 아니하며 뇌물을 받고 무죄한 자를 해치 아니하

             는 자니 **이런 일을 행하는 자는** 영영히 요동치 아니하리이다

시 37:17   **악인의 팔은 부러지나** 의인은 **여호와께서 붙드시는도다**

시 37:18   **여호와께서 완전한 자의 날을 아시니** 저희 기업은 영원하리로다

시 37:19   **저희는** 환난 때에 부끄럽지 아니하며 기근의 날에도 풍족하려

             니와

욥 36:7   그 눈을 의인에게서 돌이키지 아니하시고 그를 왕과 함께 영

             원히 위에 앉히사 존귀하게 하시며

욥 36:8   **혹시 그들이 누설에 매이거나 환난의 줄에 얽혔으면**

욥 36:9   **그들의 소행과 허물을 보이사 그 교만한 행위를 알게 하시고**

욥 36:10   **그들의 귀를 열어 교훈을 듣게 하시며 명하여 죄악에서 돌아**

             오게 하시나니

욥 36:11　만일 그들이 청종하여 섬기면 형통히 날을 보내며 즐거이 해
　　　　　를 지낼 것이요

욥 36:12　만일 그들이 청종치 아니하면 칼에 망하며 지식 없이 죽을 것
　　　　　이니라

잠 24:16　대저 의인은 일곱번 넘어질지라도 다시 일어나려니와 악인은
　　　　　재앙으로 인하여 엎드러지느니라

시 37:30　의인의 입은 지혜를 말하고 그 혀는 공의를 이르며

시 37:31　그 마음에는 하나님의 법이 있으니 그 걸음에 실족함이 없으
　　　　　리로다

시 18:20　여호와께서 내 의를 따라 상 주시며 내 손의 깨끗함을 좇아 갚
　　　　　으셨으니

그 외에 명예를 주시는 경우 (p.280 참고)

잠 22:29 네가 자기 사업에 근실한 사람을 보았느냐 이러한 사람은 왕
앞에 설 것이요 천한 자 앞에 서지 아니하리라

단 12:3 지혜 있는 자는 궁창의 빛과 같이 빛날 것이요 많은 사람을 옳
은 데로 돌아오게 한 자는 별과 같이 영원토록 비취리라

신 23:20 타국인에게 네가 꾸이면 이식을 취하여도 가하거니와 너의 형
제에게 꾸이거든 이식을 취하지 말라 그리하면 네 하나님 여
호와께서 네가 들어가서 얻을 땅에서 네 손으로 하는 범사에
복을 내리시리라

신 29:9 그런즉 너희는 이 언약의 말씀을 지켜 행하라 그리하면 너희
의 하는 모든 일이 형통하리라

시 1:2 오직 여호와의 율법을 즐거워하여 그 율법을 주야로 묵상하는
자로다

시 1:3 저는 시냇가에 심은 나무가 시절을 좇아 과실을 맺으며 그 잎
사귀가 마르지 아니함 같으니 그 행사가 다 형통하리로다

잠 24:6 너는 모략으로 싸우라 승리는 모사가 많음에 있느니라

잠 1:5   **지혜 있는 자는 듣고 학식이 더할 것이요** 명철한 자는 모략을 얻을 것이라

행 15:29   우상의 제물과 피와 목매어 죽인 것과 음행을 멀리 할지니라 이에 <u>스스로</u> 삼가면 잘 되리라 **평안함을 원하노라 하였더라**

시 122:6   **예루살렘을 위하여 평안을 구하라** 예루살렘을 사랑하는 자는 형통**하리로다**

잠 25:15   오래 참으면 관원이 그 말을 용납**하나니 부드러운 혀는 뼈를 꺾느니라**

요 15:7   너희가 내 안에 거하고 내 말이 너희 안에 거하면 무엇이든지 원하는 대로 구하라 그리하면 이루리라

요 15:8   **너희가 과실을 많이 맺으면 내 아버지께서 영광을 받으실 것이요 너희가 내 제자가 되리라**

요 15:9   **아버지께서 나를 사랑하신 것같이 나도 너희를 사랑하였으니 나의 사랑 안에 거하라**

요 15:10   내가 아버지의 계명을 지켜 그의 사랑 안에 거하는 것같이 너희도 내 계명을 지키면 내 사랑 안에 거하리라

내가 일하는 이유

나는 이른 아침부터 늦은 저녁까지 열심히 일한다. 일하는 속도가 빨라 보통 사람의 3배 정도 일할 것이다. 일하는 이유는 '재미있고 의미있기 때문'이다. 쉬는 날 집에 있으면 몸은 편한데 심심하다. 나이가 들어서인지 영화나 드라마도 대부분 재미가 없다.

일을 통해 사람들이 원하는 것은 대부분 '경제적 자유'이다. 이자나 월세 등으로 불로소득이 발생하여 일하지 않아도 되는 상황을 바란다. 그리고 여행, 운동 등 취미 활동을 하면서 남은 여생을 보내는 것이다. 하지만 성경에 비춰봤을 때 그것은 매우 위험하다. 성경에서 '부자가 되려고 하면 여러가지 죄에 빠지게 된다'고 하였기 때문이고,

딤전 6:9 부하려 하는 자들은 시험과 올무와 여러가지 어리석고 해로운 정욕에 떨어지나니 곧 사람으로 침륜과 멸망에 빠지게 하는 것이라

딤전 6:10 돈을 사랑함이 일만 악의 뿌리가 되나니 이것을 사모하는 자들이 미혹을 받아 믿음에서 떠나 많은 근심으로써 자기를 찔렀도다

하나님께서 아담에게 '평생 수고하여야 먹고 살 것이다'라고 하셨는데, 평생 일하지 않는다면 하나님의 말씀을 어기는 것이기 때문이다.

창 3:17　아담에게 이르시되 네가 네 아내의 말을 듣고 내가 너더러 먹지 말라 한 나무 실과를 먹었은즉 땅은 너로 인하여 저주를 받고 너는 종신토록 수고하여야 그 소산을 먹으리라

나는 평생 일하고 싶다. 다만, 늙어서 내 체력이 떨어진다면 일하는 시간을 좀 줄일 수 있기를 바란다. 열 명 중 한 명쯤 나처럼 일이 재미있어서 할텐데, 이 역시 하나님께서 그 사람에게 선물로 주셨기 때문이다. 하나님께 감사드린다.

전 5:18　사람이 하나님의 주신 바 그 일평생에 먹고 마시며 해 아래서 수고하는 모든 수고 중에서 낙을 누리는 것이 선하고 아름다움을 내가 보았나니 이것이 그의 분복이로다

전 5:19　어떤 사람에게든지 하나님이 재물과 부요를 주사 능히 누리게 하시며 분복을 받아 수고함으로 즐거워하게 하신 것은 하나님의 선물이라

병과 치료

6

병이 오는 이유는 '죄를 지었기 때문'일까, '건강 관리를
제대로 하지 않아서'일까? 병을 치료하려면 어떻게 해
야할까?

① 하나님께서 말씀하시는 병이 오는 이유

민 16:46   이에 모세가 아론에게 이르되 너는 향로를 취하고 단의 불을 그것에 담고 그 위에 향을 두어가지고 급히 회중에게로 가서 그들을 위하여 속죄하라 여호와께서 진노하셨으므로 염병이 시작되었음이니라

민 31:16   보라 이들이 발람의 꾀를 좇아 이스라엘 자손으로 브올의 사건에 여호와 앞에 범죄케하여 여호와의 회중에 염병이 일어나게 하였느니라

삼하 3:28   그 후에 다윗이 듣고 이르되 넬의 아들 아브넬의 피에 대하여 나와 내 나라는 여호와 앞에 영원히 무죄하니

삼하 3:29   그 죄가 요압의 머리와 그 아비의 온 집으로 돌아갈지어다 또 요압의 집에서 백탁병자나 문둥병자나 지팡이를 의지하는 자나 칼에 죽는 자나 양식이 핍절한 자가 끊어지지 아니할지로다 하니라

레 26:23   이런 일을 당하여도 너희가 내게로 돌아오지 아니하고 나를 대항할진대

레 26:24   나 곧 나도 너희에게 대항하여 너희 죄를 인하여 너희를 칠배나 더 칠지라

레 26:25   내가 칼을 너희에게로 가져다가 너희의 배약한 원수를 갚을
            것이며 너희가 성읍에 모일지라도 너희 중에 염병을 보내고
            너희를 대적의 손에 붙일 것이며

대상 21:8   다윗이 하나님께 아뢰되 내가 이 일을 행함으로 큰 죄를 범하
            였나이다 이제 간구하옵나니 종의 죄를 사하여 주옵소서 내가
            심히 미련하게 행하였나이다 하니라

대상 21:9   여호와께서 다윗의 선견자 갓에게 이르시되

대상 21:10 가서 다윗에게 말하여 이르기를 여호와의 말씀이 내가 네게
            세가지를 보이노니 그 중에서 하나를 택하라 내가 그것을 네
            게 행하리라 하셨다 하라

대상 21:11 갓이 다윗에게 나아가 고하되 여호와의 말씀이 너는 마음대로
            택하라

대상 21:12 혹 삼년 기근일지, 혹 네가 석달을 대적에게 패하여 대적의 칼
            에 쫓길 일일지, 혹 여호와의 칼 곧 온역이 사흘 동안 이 땅에
            유행하며 여호와의 사자가 이스라엘 온 지경을 멸할 일일지
            하셨나니 내가 무슨 말로 나를 보내신 이에게 대답할 것을 결
            정하소서

민 12:8   그와는 내가 대면하여 명백히 말하고 은밀한 말로 아니하며

그는 또 여호와의 형상을 보겠거늘 너희가 어찌하여 내 종 모세 비방하기를 두려워 아니하느냐

민 12:9 여호와께서 그들을 향하여 진노하시고 떠나시매

민 12:10 구름이 장막 위에서 떠나갔고 미리암은 문둥병이 들려 눈과 같더라 아론이 미리암을 본즉 문둥병이 들었는지라

민 12:11 아론이 이에 모세에게 이르되 슬프다 내 주여 우리가 우매한 일을 하여 죄를 얻었으나 청컨대 그 허물을 우리에게 돌리지 마소서

왕하 5:22 저가 가로되 평안이니이다 우리 주인께서 나를 보내시며 말씀하시기를 지금 선지자의 생도 중에 두 소년이 에브라임 산지에서부터 내게 왔으니 청컨대 당신은 저희에게 은 한 달란트와 옷 두벌을 주라 하시더이다

왕하 5:23 나아만이 가로되 바라건대 두 달란트를 받으라 하고 저를 억제하여 은 두 달란트를 두 전대에 넣어 매고 옷 두벌을 아울러 두 사환에게 지우매 저희가 게하시 앞에서 지고 가니라

왕하 5:24 언덕에 이르러는 게하시가 그 물건을 두 사환의 손에서 취하여 집에 감추고 저희를 보내어 가게 한 후

왕하 5:25 들어가서 그 주인 앞에 서니 엘리사가 이르되 게하시야 네가 어디서 오느냐 대답하되 종이 아무 데도 가지 아니하였나이다

왕하 5:26   엘리사가 이르되 그 사람이 수레에서 내려 너를 맞을 때에 내 심령이 감각되지 아니하였느냐 지금이 어찌 은을 받으며 옷을 받으며 감람원이나 포도원이나 양이나 소나 남종이나 여종을 받을 때냐

왕하 5:27   그러므로 나아만의 문둥병이 네게 들어 네 자손에게 미쳐 영원토록 이르리라 게하시가 그 앞에서 물러나오매 문둥병이 발하여 눈같이 되었더라

민 25:1   이스라엘이 싯딤에 머물러 있더니 그 백성이 모압 여자들과 음행하기를 시작하니라

민 25:2   그 여자들이 그 신들에게 제사할 때에 백성을 청하매 백성이 먹고 그들의 신들에게 절하므로

민 25:3   이스라엘이 바알브올에게 부속된지라 여호와께서 이스라엘에게 진노하시니라

민 25:4   여호와께서 모세에게 이르시되 백성의 두령들을 잡아 태양을 향하여 여호와 앞에 목매어 달라 그리하면 여호와의 진노가 이스라엘에게서 떠나리라

민 25:5   모세가 이스라엘 사사들에게 이르되 너희는 각기 관할하는 자 중에 바알브올에게 부속한 사람들을 죽이라 하니라

민 25:6   이스라엘 자손의 온 회중이 회막 문에서 울 때에 이스라엘 자

손 한 사람이 모세와 온 회중의 목전에 미디안의 한 여인을 데리고 그 형제에게로 온지라

민 25:7 제사장 아론의 손자 엘르아살의 아들 비느하스가 보고 회중의 가운데서 일어나 손에 창을 들고

민 25:8 그 이스라엘 남자를 따라 그의 막에 들어가서 이스라엘 남자와 그 여인의 배를 꿰뚫어서 두 사람을 죽이니 염병이 이스라엘 자손에게서 그쳤더라

민 25:9 그 염병으로 죽은 자가 이만 사천명이었더라

레 26:14 그러나 너희가 내게 청종치 아니하여 이 모든 명령을 준행치 아니하며

레 26:15 나의 규례를 멸시하며 마음에 나의 법도를 싫어하여 나의 모든 계명을 준행치 아니하며 나의 언약을 배반할진대

레 26:16 내가 이같이 너희에게 행하리니 곧 내가 너희에게 놀라운 재앙을 내려 폐병과 열병으로 눈이 어둡고 생명이 쇠약하게 할 것이요 너희의 파종은 헛되리니 너희의 대적이 그것을 먹을 것임이며

예수께서 말씀하시는 병이 오는 이유

마 9:5　네 죄 사함을 받았느니라 하는 말과 일어나 걸어가라 하는 말이 어느 것이 쉽겠느냐

마 9:6　그러나 인자가 세상에서 죄를 사하는 권세가 있는 줄을 너희로 알게 하려 하노라 하시고 중풍병자에게 말씀하시되 일어나 네 침상을 가지고 집으로 가라 하시니

눅 5:18　한 중풍병자를 사람들이 침상에 메고 와서 예수 앞에 들여놓고자 하였으나

눅 5:19　무리 때문에 메고 들어갈 길을 얻지 못한지라 지붕에 올라가 기와를 벗기고 병자를 침상채 무리 가운데로 예수 앞에 달아 내리니

눅 5:20　예수께서 저희 믿음을 보시고 이르시되 이 사람아 네 죄 사함을 받았느니라 하시니

눅 5:21　서기관과 바리새인들이 의논하여 가로되 이 참람한 말을 하는 자가 누구뇨 오직 하나님 외에 누가 능히 죄를 사하겠느냐

눅 5:22　예수께서 그 의논을 아시고 대답하여 가라사대 너희 마음에 무슨 의논을 하느냐

눅 5:23　네 죄 사함을 받았느니라 하는 말과 일어나 걸어 가라 하는 말이 어느 것이 쉽겠느냐

눅 5:24　그러나 인자가 땅에서 죄를 사하는 권세가 있는 줄을 너희로

알게 하리라 하시고 중풍병자에게 말씀하시되 내가 네게 이르노니 일어나 네 침상을 가지고 집으로 가라 하시매 예수와 함께 하더라

요 5:11   대답하되 나를 낫게 한 그가 자리를 들고 걸어가라 하더라 한대

요 5:12   저희가 묻되 너더러 자리를 들고 걸어가라 한 사람이 누구냐 하되

요 5:13   고침을 받은 사람이 그가 누구신지 알지 못하니 이는 거기 사람이 많으므로 예수께서 이미 피하셨음이라

요 5:14   그 후에 예수께서 성전에서 그 사람을 만나 이르시되 보라 네가 나았으니 더 심한 것이 생기지 않게 다시는 죄를 범치 말라 하시니

고전 11:27 그러므로 누구든지 주의 떡이나 잔을 합당치 않게 먹고 마시는 자는 주의 몸과 피를 범하는 죄가 있느니라

고전 11:28 사람이 자기를 살피고 그 후에야 이 떡을 먹고 이 잔을 마실지니

고전 11:29 주의 몸을 분변치 못하고 먹고 마시는 자는 자기의 죄를 먹고 마시는 것이니라

고전 11:30 이러므로 너희 중에 약한 자와 병든 자가 많고 잠자는 자도 적지 아니하니

고전 11:31 우리가 우리를 살폈으면 판단을 받지 아니하려니와

고전 11:32 우리가 판단을 받는 것은 주께 징계를 받는 것이니 이는 우리로 세상과 함께 죄 정함을 받지 않게 하려 하심이라

약 5:15 믿음의 기도는 병든 자를 구원하리니 주께서 저를 일으키시리라 혹시 죄를 범하였을지라도 사하심을 얻으리라

히 12:5 또 아들들에게 권하는 것같이 너희에게 권면하신 말씀을 잊었도다 일렀으되 내 아들아 주의 징계하심을 경히 여기지 말며 그에게 꾸지람을 받을 때에 낙심하지 말라

히 12:6 주께서 그 사랑하시는 자를 징계하시고 그의 받으시는 아들마다 채찍질하심이니라 하였으니

히 12:7 너희가 참음은 징계를 받기 위함이라 하나님이 아들과 같이

너희를 대우하시나니 어찌 아비가 징계하지 않는 아들이 있으
리요

히 12:8   징계는 다 받는 것이거늘 너희에게 없으면 사생자요 참 아들
이 아니니라

히 12:9   또 우리 육체의 아버지가 우리를 징계하여도 공경하였거든 하
물며 모든 영의 아버지께 더욱 복종하여 살려 하지 않겠느냐

히 12:10   저희는 잠시 자기의 뜻대로 우리를 징계하였거니와 오직 하나님
은 우리의 유익을 위하여 그의 거룩하심에 참예케 하시느니라

다른 사람이 말하는 병이 오는 이유

시 107:17 미련한 자는 저희 범과와 죄악의 연고로 곤난을 당하매

시 107:18 **저희 혼이** 각종 식물을 싫어하여 **사망의 문에 가깝도다**

시 107:19 **이에 저희가 그 근심 중에서 여호와께 부르짖으매 그 고통에서 구원하시되**

시 107:20 **저가 그 말씀을 보내어 저희를 고치사 위경에서 건지시는도다**

시 107:10 **사람이 흑암과 사망의 그늘에 앉으며 곤고와 쇠 사슬에 매임은**

시 107:11 **하나님의 말씀을 거역하며 지존자의 뜻을 멸시함이라**

벧전 4:15 **너희 중에 누구든지 살인이나 도적질이나 악행이나 남의 일을** 간섭하는 자로 고난을 받지 말려니와

왕상 17:17 **이 일 후에 그 집 주모 되는 여인의** 아들이 병들어 증세가 심히 위중하다가 숨이 끊어진지라

왕상 17:18 **여인이 엘리야에게 이르되 하나님의 사람이여 당신이 나로 더불어 무슨 상관이 있기로** 내 죄를 생각나게 하고 또 내 아들을 죽게 하려고 내게 오셨나이까

5 의로운 자를 치료하심 (p.239 참고)

사 58:6 **나의 기뻐하는 금식은** 흉악의 결박을 풀어 주며 멍에의 줄을 끌러주며 압제 당하는 자를 자유케 하며 모든 멍에를 꺾는 것 **이 아니겠느냐**

사 58:7 **또** 주린 자에게 네 식물을 나눠 주며 유리하는 빈민을 네 집에 들이며 벗은 자를 보면 입히며 또 네 골육을 피하여 스스로 숨 지 아니하는 것**이 아니겠느냐**

사 58:8 **그리하면 네 빛이 아침 같이 비췰 것이며** 네 치료가 급속할 것 이며 네 의가 네 앞에 행하고 여호와의 영광이 네 뒤에 호위하 리니

사 58:9 네가 부를 때에는 나 여호와가 응답하겠고 네가 부르짖을 때 에는 말하기를 내가 여기 있다 하리라 만일 네가 너희 중에서 멍에와 손가락질과 허망한 말을 제하여 버리고

사 58:10 주린 자에게 네 심정을 동하며 괴로와하는 자의 마음을 만족 케 하면 **네 빛이 흑암 중에서 발하여** 네 어두움이 낮과 같이 될 것이며

사 58:11 **나 여호와가 너를 항상 인도하여** 마른 곳에서도 네 영혼을 만 족케 하며 네 뼈를 견고케 하리니 너는 물 댄 동산 같겠고 물이 끊어지지 아니하는 샘 같을 것이라

사 58:12 네게서 날 자들이 오래 황폐된 곳들을 다시 세울 것이며 너는 역대의 파괴된 기초를 쌓으리니 너를 일컬어 무너진 데를 수

보하는 자라 할 것이며 길을 수축하여 거할 곳이 되게 하는 자라 하리라

하나님을 경외하는 사람을 치료하심

말 4:2 　내 이름을 경외하는 너희에게는 의로운 해가 떠올라서 치료하는 광선을 발하리니 너희가 나가서 외양간에서 나온 송아지 같이 뛰리라

출 23:24 　너는 그들의 신을 숭배하지 말며 섬기지 말며 그들의 소위를 본 받지 말고 그것들을 다 훼파하며 그 주상을 타파하고

출 23:25 　너의 하나님 여호와를 섬기라 그리하면 여호와가 너희의 양식과 물에 복을 내리고 너희 중에 병을 제하리니

출 23:26 　네 나라에 낙태하는 자가 없고 잉태치 못하는 자가 없을 것이라 내가 너의 날 수를 채우리라

율법을 지키는 자를 치료 하심 (p.277 참고)

출 15:26   **가라사대 너희가 너희 하나님 나 여호와의 말을 청종하고 나의
보기에 의를 행하며** 내 계명에 귀를 기울이며 내 모든 규례를
지키면 내가 애굽 사람에게 내린 모든 질병의 하나도 너희에게
내리지 아니하리니 **나는 너희를 치료하는 여호와임이니라**

출 30:12   네가 이스라엘 자손의 수효를 따라 조사할 때에 조사 받은 각
사람은 그 생명의 속전을 여호와께 드릴지니 이는 그 계수할
때에 그들 중에 온역이 없게 하려 함이라

기도하는 자를 치료하심

마 17:21 그러나 이런 종류의 귀신은 기도와 금식이 아니고는 나가지 않는다.

약 5:14 너희 중에 병든 자가 있느냐 저는 교회의 장로들을 청할 것이요 그들은 주의 이름으로 기름을 바르며 위하여 기도할지니라

약 5:15 믿음의 기도는 병든 자를 구원하리니 주께서 저를 일으키시리라 혹시 죄를 범하였을지라도 사하심을 얻으리라

약 5:16 이러므로 너희 죄를 서로 고하며 병 낫기를 위하여 서로 기도하라 의인의 간구는 역사하는 힘이 많으니라

약 5:17 엘리야는 우리와 성정이 같은 사람이로되 저가 비 오지 않기를 간절히 기도한즉 삼년 육개월 동안 땅에 비가 아니 오고

약 5:18 다시 기도한즉 하늘이 비를 주고 땅이 열매를 내었느니라

왕하 20:1 그 때에 히스기야가 병들어 죽게 되매 아모스의 아들 선지자 이사야가 저에게 나아와서 이르되 여호와의 말씀이 너는 집을 처치하라 네가 죽고 살지 못하리라 하셨나이다

왕하 20:2 히스기야가 낯을 벽으로 향하고 여호와께 기도하여 가로되

왕하 20:3 여호와여 구하오니 내가 진실과 전심으로 주 앞에 행하며 주의 보시기에 선하게 행한 것을 기억하옵소서 하고 심히 통곡하더라

왕하 20:4 이사야가 성읍 가운데까지도 이르기 전에 여호와의 말씀이 저에게 임하여 가라사대

왕하 20:5 너는 돌아가서 내 백성의 주권자 히스기야에게 이르기를 왕의 조상 다윗의 하나님 여호와의 말씀이 내가 네 기도를 들었고 네 눈물을 보았노라 내가 너를 낫게 하리니 네가 삼일만에 여호와의 전에 올라가겠고

왕하 20:6 내가 네 날을 십 오년을 더할 것이며 내가 너와 이 성을 앗수르 왕의 손에서 구원하고 내가 나를 위하고 또 내 종 다윗을 위하므로 이 성을 보호하리라 하셨다 하라 하셨더라

왕하 20:7 이사야가 가로되 무화과 반죽을 가져 오라 하매 무리가 가져다가 그 종처에 놓으니 나으니라

예수 믿는 자를 치료하심

막 5:34   예수께서 가라사대 딸아 네 믿음이 너를 구원하였으니 평안히 가라 네 병에서 놓여 건강할지어다

막 6:56   아무 데나 예수께서 들어가시는 마을이나 도시나 촌에서 병자를 시장에 두고 예수의 옷 가에라도 손을 대게 하시기를 간구하니 손을 대는 자는 다 성함을 얻으니라

이웃을 돕는 자를 치료하심

시 41:1 (다윗의 시, 영장으로 한 노래) 빈약한 자를 권고하는 자가 복
이 있음이여 재앙의 날에 여호와께서 저를 건지시리로다

시 41:2 여호와께서 저를 보호하사 살게 하시리니 저가 세상에서 복을
받을 것이라 주여 저를 그 원수의 뜻에 맡기지 마소서

시 41:3 여호와께서 쇠약한 병상에서 저를 붙드시고 저의 병중 그 자
리를 다 고쳐 펴시나이다

사 58:7 또 주린 자에게 네 식물을 나눠 주며 유리하는 빈민을 네 집에
들이며 벗은 자를 보면 입히며 또 네 골육을 피하여 스스로 숨
지 아니하는 것이 아니겠느냐

사 58:8 그리하면 네 빛이 아침 같이 비췰 것이며 네 치료가 급속할 것
이며 네 의가 네 앞에 행하고 여호와의 영광이 네 뒤에 호위하
리니

벌을 순순히 받은 자를 치료하심

레 26:41 나도 그들을 대항하여 그 대적의 땅으로 끌어 갔음을 깨닫고 그 할례 받지 아니한 마음이 낮아져서 그 죄악의 형벌을 순히 받으면

레 26:42 내가 야곱과 맺은 내 언약과 이삭과 맺은 내 언약을 생각하며 아브라함과 맺은 내 언약을 생각하고 그 땅을 권고하리라

레 26:43 그들이 나의 법도를 싫어하며 나의 규례를 멸시하였으므로 그 땅을 떠나서 사람이 없을 때에 땅이 황폐하여 안식을 누릴 것이요 그들은 자기 죄악으로 형벌을 순히 받으리라

레 26:44 그런즉 그들이 대적의 땅에 거할 때에 내가 싫어 버리지 아니하며 미워하지 아니하며 아주 멸하지 아니하여 나의 그들과 세운 언약을 폐하지 아니하리니 나는 여호와 그들의 하나님이 됨이라

회개(죄를 뉘우친)한 자를 치료하심

호 5:15　내가 내 곳으로 돌아가서 저희가 그 죄를 뉘우치고 내 얼굴을
구하기까지 기다리리라 저희가 고난을 받을 때에 나를 간절히
구하여 이르기를

호 6:1　오라 우리가 여호와께로 돌아가자 여호와께서 우리를 찢으셨
으나 도로 낫게 하실 것이요 우리를 치셨으나 싸매어 주실 것
임이라

눅 24:47　또 그의 이름으로 죄 사함을 얻게 하는 회개가 예루살렘으로
부터 시작하여 모든 족속에게 전파될 것이 기록되었으니

불면증의 치료

시 127:2　너희가 일찌기 일어나고 늦게 누우며 수고의 떡을 먹음이 헛
　　　　되도다 그러므로 여호와께서 그 사랑하시는 자에게는 잠을 주
　　　　시는도다

전 5:12　노동자는 먹는 것이 많든지 적든지 잠을 달게 자거니와 부자
　　　　는 배부름으로 자지 못하느니라

잠 3:21　내 아들아 완전한 지혜와 근신을 지키고 이것들로 네 눈 앞에
　　　　서 떠나지 않게 하라

잠 3:22　그리하면 그것이 네 영혼의 생명이 되며 네 목에 장식이 되리니

잠 3:23　네가 네 길을 안연히 행하겠고 네 발이 거치지 아니하겠으며

잠 3:24　네가 누울 때에 두려워하지 아니하겠고 네가 누운즉 네 잠이
　　　　달리로다

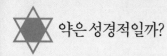

약은 성경적일까?

성경에서 왕이 병들었는데 사람을 의지해서 죽었다.

대하 16:12 아사가 왕이 된지 삼십 구년에 그 발이 병들어 심히
중하나 병이 있을 때에 저가 여호와께 구하지 아니
하고 의원들에게 구하였더라
대하 16:13 아사가 위에 있은지 사십일년에 죽어 그 열조와 함
께 자매

그런데 집에 불이 났을 때 꺼내달라고 기도만 하고, 119에 연
락하거나 스스로 나오려고 노력하지 않으면 바보이다. 사람
으로서는 '노력'을 해야한다. 그렇다면 병을 낫기 위해 무엇
이 노력이고, 무엇이 사람을 의지하는 것일까?

나는 평소 건강식품(칼슘, 비타민 등)은 챙겨 먹지만, 치료
목적의 약은 잘 안 먹는 편이다. 특히 감기 등은 어차피 약이
없고, 고통을 완화시킬 뿐이다.

그런데 한 번은 비염이 너무 심해서 머리가 심하게 아팠다.
아무것도 못했고 잠들기도 힘들었다. 그렇다 한들 그 고통도
하나님께서 주신 것인데 피하려고 한다면 성경적이지 않을

것 같았다. 2~3일은 고통을 참고 아무 것도 못하고 있었는데, 문득 하나님께서 내게 '인생'과 '시간'을 주셨는데, 그것을 함부로 낭비하는 것도 잘못됐다는 생각이 들었다. 그래서 병원에서 준 진통제를 먹고 일을 할 수 있었다.

성경에서도 어찌보면 약이라고 할 만한 '무화과를 환부에 바르는 장면'이 나오고,

왕하 20:7   이사야가 가로되 무화과 반죽을 가져 오라 하매 무리
            가 가져다가 그 종처에 놓으니 나으니라

누가복음의 '누가'는 의사였다. 물론 '외과'의사였을 수도 있으나, 의사라는 직업이 하나님을 적대하는 직업이 아니라는 것은 알 수 있다.

골 4:14   사랑을 받는 의사 누가와 또 데마가 너희에게 문안하
          느니라

어떤 사람은 병원에 가는 게 '사람을 의지하기'에, 하나님과 적대하는 것이라 생각할지 모르지만, 예수께서는 '안식일에

누군가 하루동안 불편한 것'보다 '치료를 받는 것'이 더 중요시돼야 할 것이라 말씀하셨다.

마 12:10   한편 손 마른 사람이 있는지라 사람들이 예수를 송사하려 하여 물어 가로되 안식일에 병 고치는 것이 옳으니이까

마 12:11   예수께서 가라사대 너희 중에 어느 사람이 양 한 마리가 있어 안식일에 구덩이에 빠졌으면 붙잡아 내지 않겠느냐

마 12:12   사람이 양보다 얼마나 더 귀하냐 그러므로 안식일에 선을 행하는 것이 옳으니라 하시고

마 12:13   이에 그 사람에게 이르시되 손을 내밀라 하시니 저가 내밀매 다른 손과 같이 회복되어 성하더라

눅 6:7   서기관과 바리새인들이 예수를 송사할 빙거를 찾으려 하여 안식일에 병 고치시는가 엿보니

눅 6:8   예수께서 저희 생각을 아시고 손 마른 사람에게 이르시되 일어나 한가운데 서라 하시니 저가 일어나 서거늘

눅 6:9   예수께서 저희에게 이르시되 내가 너희에게 묻노니

안식일에 선을 행하는 것과 악을 행하는 것 생명을 구

하는 것과 멸하는 것 어느 것이 옳으냐 하시며

눅 6:10 무리를 둘러 보시고 그 사람에게 이르시되 네 손을 내

밀라 하시니 저가 그리하매 그 손이 회복된지라

나 역시 내 아이들이 안식일에 아프다면 당연히 응급실에 가

서 치료를 할 것이다.

오래 사는 법   7

성경에서는 운동을 하고 좋은 음식을 먹는 게 오래 사는
비결이라고 하지 않는다. 성경에서 오래 사는 비결로 나
온 것들은 인과관계가 없어보인다. 그래서 대부분의 사
람들은 믿기 어려울 것이다.

하지만 오랜 기간 주변 사람과 자신의 인생에 비춰봤을
때, 그게 진실이라면 인과관계가 보일 것이고 그 때는
믿게 될 것이다.

부모님께 효도하면 장수한다

출 20:12 네 부모를 공경하라 그리하면 너의 하나님 나 여호와가 네게
        준 땅에서 네 생명이 길리라

신 5:16 너는 너의 하나님 여호와의 명한 대로 네 부모를 공경하라 그
        리하면 너의 하나님 여호와가 네게 준 땅에서 네가 생명이 길
        고 복을 누리리라

엡 6:2 네 아버지와 어머니를 공경하라 이것이 약속 있는 첫계명이니
엡 6:3 이는 네가 잘 되고 땅에서 장수하리라

의로우면 장수한다

신 22:6   노중에서 나무에나 땅에 있는 새의 보금자리에 새 새끼나 알
이 있고 어미새가 그 새끼나 알을 품은 것을 만나거든 그 어미
새와 새끼를 아울러 취하지 말고

신 22:7   어미는 반드시 놓아 줄 것이요 새끼는 취하여도 가하니 그리
하면 네가 복을 누리고 장수하리라

신 25:15   오직 십분 공정한 저울추를 두며 십분 공정한 되를 둘 것이라
그리하면 네 하나님 여호와께서 네게 주시는 땅에서 네 날이
장구하리라

시 34:12   생명을 사모하고 장수하여 복 받기를 원하는 사람이 누구뇨

시 34:13   네 혀를 악에서 금하며 네 입술을 궤사한 말에서 금할지어다

시 34:14   악을 버리고 선을 행하며 화평을 찾아 따를지어다

하나님을 믿으면 장수한다

잠 10:27   여호와를 경외하면 장수하느니라 그러나 악인의 연세는 짧아

지느니라

시 91:14   **하나님이 가라사대** 저가 나를 사랑한즉 **내가 저를 건지리라**

저가 내 이름을 안즉 내가 저를 높이리라

시 91:15   저가 내게 간구하리니 내가 응답하리라 저희 환난 때에 내가

저와 함께 하여 저를 건지고 영화롭게 하리라

시 91:16   내가 장수함으로 저를 만족케 하며 **나의 구원으로 보이리라**

하시도다

시 128:4   여호와를 경외**하는 자는 이같이 복을 얻으리로다**

시 128:5   **여호와께서 시온에서 네게 복을 주실지어다 너는 평생에 예루**

살렘의 복을 보며

시 128:6   네 자식의 자식을 볼지어다 **이스라엘에게 평강이 있을지로다**

잠 9:10   여호와를 경외하는 것이 지혜의 근본**이요 거룩하신 자를 아는**

것이 명철이니라

잠 9:11   **나 지혜로 말미암아** 네 날이 많아질 것이요 네 생명의 해가 더

하리라

4 율법을 지키면 장수한다 (p.277 참고)

신 5:33 너희 하나님 여호와께서 너희에게 명하신 모든 도를 행하라
그리하면 너희가 삶을 얻고 복을 얻어서 너희의 얻은 땅에서
너희의 날이 장구하리라

신 4:40 오늘 내가 네게 명하는 여호와의 규례와 명령을 지키라 너와
네 후손이 복을 받아 네 하나님 여호와께서 네게 주시는 땅에
서 한 없이 오래 살리라

신 6:1 이는 곧 너희 하나님 여호와께서 너희에게 가르치라 명하신바
명령과 규례와 법도라 너희가 건너가서 얻을 땅에서 행할 것
이니

신 6:2 곧 너와 네 아들과 네 손자로 평생에 네 하나님 여호와를 경외
하며 내가 너희에게 명한 그 모든 규례와 명령을 지키게 하기
위한 것이며 또 네 날을 장구케 하기 위한 것이라

신 6:3 이스라엘아 듣고 삼가 그것을 행하라 그리하면 네가 복을 얻
고 네 열조의 하나님 여호와께서 네게 허락하심 같이 젖과 꿀
이 흐르는 땅에서 너의 수효가 심히 번성하리라

신 11:8 그러므로 너희는 내가 오늘날 너희에게 명하는 모든 명령을
지키라 그리하면 너희가 강성할 것이요 너희가 건너가서 얻을

땅에 들어가서 그것을 얻을 것이며

신 11:9   또 여호와께서 너희의 열조에게 맹세하사 그와 그 후손에게 주리라고 하신 땅 곧 젖과 꿀이 흐르는 땅에서 너희의 날이 장 구하리라

신 11:13   내가 오늘날 너희에게 명하는 나의 명령을 너희가 만일 청종 하고 너희의 하나님 여호와를 사랑하여 마음을 다하고 성품을 다하여 섬기면

신 11:14   여호와께서 너희 땅에 이른비, 늦은비를 적당한 때에 내리시 리니 너희가 곡식과 포도주와 기름을 얻을 것이요

신 11:15   또 육축을 위하여 들에 풀이 나게 하시리니 네가 먹고 배부를 것이라

신 11:16   너희는 스스로 삼가라 두렵건대 마음에 미혹하여 돌이켜 다른 신들을 섬기며 그것에게 절하므로

신 11:17   여호와께서 너희에게 진노하사 하늘을 닫아 비를 내리지 아니 하여 땅으로 소산을 내지 않게 하시므로 너희가 여호와의 주 신 아름다운 땅에서 속히 멸망할까 하노라

신 11:18   이러므로 너희는 나의 이 말을 너희 마음과 뜻에 두고 또 그것 으로 너희 손목에 매어 기호를 삼고 너희 미간에 붙여 표를 삼 으며

신 11:19 또 그것을 너희의 자녀에게 가르치며 집에 앉았을 때에든지, 길에 행할 때에든지, 누웠을 때에든지, 일어날 때에든지 이 말씀을 강론 하고

신 11:20 또 네 집 문설주와 바깥 문에 기록하라

신 11:21 그리하면 여호와께서 너희 열조에게 주리라고 맹세하신 땅에서 너희의 날과 너희 자녀의 날이 많아서 하늘이 땅을 덮는 날의 장구함 같으리라

신 32:46 그들에게 이르되 내가 오늘날 너희에게 증거한 모든 말을 너희 마음에 두고 너희 자녀에게 명하여 이 율법의 모든 말씀을 지켜 행하게 하라

신 32:47 이는 너희에게 허사가 아니라 너희의 생명이니 이 일로 인하여 너희가 요단을 건너 얻을 땅에서 너희의 날이 장구하리라

신 30:20 네 하나님 여호와를 사랑하고 그 말씀을 순종하며 또 그에게 부종하라 그는 네 생명이시요 네 장수시니 여호와께서 네 열조 아브라함과 이삭과 야곱에게 주리라고 맹세하신 땅에 네가 거하리라

수명에 대한 다른 구절들

잠 3:1　내 아들아 나의 법을 잊어버리지 말고 네 마음으로 나의 명령을 지키라

잠 3:2　그리하면 그것이 너로 장수하여 많은 해를 누리게 하며 평강을 더하게 하리라

잠 3:13　지혜를 얻은 자와 명철을 얻은 자는 복이 있나니

잠 3:14　이는 지혜를 얻는 것이 은을 얻는 것보다 낫고 그 이익이 정금보다 나음이니라

잠 3:15　지혜는 진주보다 귀하니 너의 사모하는 모든 것으로 이에 비교할 수 없도다

잠 3:16　그 우편 손에는 장수가 있고 그 좌편 손에는 부귀가 있나니

시 90:10　우리의 연수가 칠십이요 강건하면 팔십이라도 그 연수의 자랑은 수고와 슬픔 뿐이요 신속히 가니 우리가 날아가나이다

창 6:3　여호와께서 가라사대 나의 신이 영원히 사람과 함께 하지 아니하리니 이는 그들이 육체가 됨이라 그러나 그들의 날은 일백 이십년이 되리라 하시니라

효도한 악인은 장수할까?

장수에 대한 가장 대표적인 구절은 십계명의 '부모님께 효도하면 장수한다'는 구절이다. 장수촌에 대한 프로그램을 보면, 오메가3를 먹었느니, 암반수에 미네랄이 많다느니 여러 가지 나름의 가설을 이야기 하는데, 성경적으로는 크게 봤을 때 '부모님께 효도'했거나, '의롭게 살아서'이다.

> 출 20:12　네 부모를 공경하라 그리하면 너의 하나님 나 여호와가 네게 준 땅에서 네 생명이 길리라

그렇다면 효도는 했지만 '의롭게 살지 않은 악인'은 장수할까? 만약 그 사람이 죽고 나서 예수님 앞에서 심판을 받을 때, '성경에 효도하면 장수한다'고 적혀있는데, 왜 일찍 죽었냐고 따진다면 예수께서 어떻게 하실까?

나는 하나님을 모르는 사람이나 효도한 악인도 당연히 장수할 것이라 믿는다. 물론, 장수하는 중에 '병'이나 '가난'에 고통 받을 수는 있다. 하지만 그 사람이 '장수'해야 그 말씀이 옳고 하나님께서 세상에 계시는 것이다.

뿐만 아니라, 어떤 사람이 '온유'하기만 하더라도, 다른 율법

을 지키지 않았어도 '땅'을 받아야 하고,

마 5:5 　온유한 자는 복이 있나니 저희가 땅을 기업으로 받을
　　　 것임이요

온전한 십일조를 낸 모든 사람은 십일조 이상으로 하나님께
서 돌려주셔야 성경이 옳다.

말 3:10 　만군의 여호와가 이르노라 너희의 온전한 십일조를
　　　　창고에 들여 나의 집에 양식이 있게 하고 그것으로 나
　　　　를 시험하여 내가 하늘 문을 열고 너희에게 복을 쌓을
　　　　곳이 없도록 붓지 아니하나 보라

이 말이 옳은지 틀린지, 하나님께서 말씀하신 것을 지키는지,
정말 사람들을 돕고 계신지 아닌지 시험해봐도 좋다. 약 3년
만이라도 해보고, 그 계기를 통해 하나님의 존재를 믿게 되
면, 다음 단계의 믿음으로 이끌어 주실 것이다.

마음의 평안   8

아무리 돈이 많고, 몸이 건강해도 '마음'이 아프면 행복할 수 없다. 성경에서는 어떻게 삶에서 걱정을 없애고 마음에 평안을 얻을 수 있다고 할까?

귀신에 들려 마음에 병이 있는 사람은 왜 귀신에 들리게 되는 걸까?

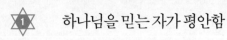

하나님을 믿는 자가 평안함

사 49:23 열왕은 네 양부가 되며 왕비들은 네 유모가 될 것이며 그들이 얼굴을 땅에 대고 네게 절하고 네 발의 티끌을 핥을 것이니 네가 나를 여호와인 줄 알리라 나를 바라는 자는 수치를 당하지 아니하리라

렘 31:14 내가 기름으로 제사장들의 심령에 흡족케 하며 내 은혜로 내 백성에게 만족케 하리라 여호와의 말이니라

시 105:3 그 성호를 자랑하라 무릇 여호와를 구하는 자는 마음이 즐거울지로다

대상 16:10 그 성호를 자랑하라 무릇 여호와를 구하는 자는 마음이 즐거울지로다

시 34:9 너희 성도들아 여호와를 경외하라 저를 경외하는 자에게는 부족함이 없도다

시 34:10 젊은 사자는 궁핍하여 주릴지라도 여호와를 찾는 자는 모든 좋은 것에 부족함이 없으리로다

시 56:11 내가 하나님을 의지하였은즉 두려워 아니하리니 사람이 내게

어찌하리이까

단 4:26 또 그들이 그 나무 뿌리의 그루터기를 남겨 두라 하였은즉 하나님이 다스리시는 줄을 왕이 깨달은 후에야 왕의 나라가 견고하리이다

욥 33:26 그는 하나님께 기도하므로 하나님이 은혜를 베푸사 그로 자기의 얼굴을 즐거이 보게 하시고 사람에게 그 의를 회복시키시느니라

시 5:11 오직 주에게 피하는 자는 다 기뻐하며 주의 보호로 인하여 영영히 기뻐 외치며 주의 이름을 사랑하는 자들은 주를 즐거워하리이다

시 25:3 주를 바라는 자는 수치를 당하지 아니하려니와 무고히 속이는 자는 수치를 당하리이다

시 29:11 여호와께서 자기 백성에게 힘을 주심이여 여호와께서 자기 백성에게 평강의 복을 주시리로다

전 2:24 사람이 먹고 마시며 수고하는 것보다 그의 마음을 더 기쁘게

하는 것은 없나니 **내가 이것도 본즉 하나님의 손에서 나오는 것이로다**

전 3:12 **사람이 사는 동안에 기뻐하며 선을 행하는 것보다 나은 것이** 없는 줄을 내가 알았고

전 3:13 **사람마다 먹고 마시는 것과 수고함으로 낙을 누리는 그것이** 하나님의 선물인 줄도 또한 알았도다

창 31:7 **그대들의 아버지가 나를 속여 품삯을 열번이나 변역하였느니** 라 그러나 하나님이 그를 금하사 나를 해치 못하게 하셨으며

② 예수님을 믿는 자가 평안함

빌 4:4 주 안에서 항상 기뻐하라 내가 다시 말하노니 기뻐하라

빌 4:5 너희 관용을 모든 사람에게 알게 하라 주께서 가까우시니라

빌 4:6 아무 것도 염려하지 말고 오직 모든 일에 기도와 간구로, 너희 구할 것을 감사함으로 하나님께 아뢰라

빌 4:7 그리하면 모든 지각에 뛰어난 하나님의 평강이 그리스도 예수 안에서 너희 마음과 생각을 지키시리라

빌 4:8 종말로 형제들아 무엇에든지 참되며 무엇에든지 경건하며 무 엇에든지 옳으며 무엇에든지 정결하며 무엇에든지 사랑할만 하며 무엇에든지 칭찬할만하며 무슨 덕이 있든지 무슨 기림이 있든지 이것들을 생각하라

빌 4:9 너희는 내게 배우고 받고 듣고 본 바를 행하라 그리하면 평강 의 하나님이 너희와 함께 계시리라

벧전 2:6 경에 기록하였으되 보라 내가 택한 보배롭고 요긴한 모퉁이 돌을 시온에 두노니 저를 믿는 자는 부끄러움을 당치 아니하 리라 하였으니

의로운 자가 평안함 (p.239 참고)

단 4:27 그런즉 왕이여 나의 간하는 것을 받으시고 공의를 행함으로 죄를 속하고 가난한 자를 긍휼히 여김으로 죄악을 속하소서 그리하시면 왕의 평안함이 혹시 장구하리이다 하였느니라

눅 6:37 비판치 말라 그리하면 너희가 비판을 받지 않을 것이요 정죄 하지 말라 그리하면 너희가 정죄를 받지 않을 것이요 용서하 라 그리하면 너희가 용서를 받을 것이요

잠 10:9 바른길로 행하는 자는 걸음이 평안하려니와 굽은 길로 행하는 자는 드러나리라

시 15:1 (다윗의 시) 여호와여 주의 장막에 유할 자 누구오며 주의 성 산에 거할 자 누구오니이까

시 15:2 정직하게 행하며 공의를 일삼으며 그 마음에 진실을 말하며

시 15:3 그 혀로 참소치 아니하고 그 벗에게 행악지 아니하며 그 이웃 을 훼방치 아니하며

시 15:4 그 눈은 망령된 자를 멸시하며 여호와를 두려워하는 자를 존 대하며 그 마음에 서원한 것은 해로울지라도 변치 아니하며

시 15:5 변리로 대금치 아니하며 뇌물을 받고 무죄한 자를 해치 아니하 는 자니 이런 일을 행하는 자는 영영히 요동치 아니하리이다

시 34:15 　여호와의 눈은 의인을 향하시고 그 귀는 저희 부르짖음에 기
　　　　　울이시는도다

**시 34:16 　여호와의 얼굴은 행악하는 자를 대하사 저희의 자취를 땅에서
　　　　　끊으려 하시는도다**

시 34:17 　의인이 외치매 여호와께서 들으시고 저희의 모든 환난에서 건
　　　　　지셨도다

**시 34:18 　여호와는 마음이 상한 자에게 가까이 하시고 중심에 통회하는
　　　　　자를 구원하시는도다**

시 34:19 　의인은 고난이 많으나 여호와께서 그 모든 고난에서 건지시는
　　　　　도다

시 34:20 　그 모든 뼈를 보호하심이여 그 중에 하나도 꺾이지 아니하도다

잠 10:3 　**여호와께서** 의인의 영혼은 주리지 않게 하시나 **악인의 소욕은
　　　　　물리치시느니라**

사 32:16 　그 때에 공평이 광야에 거하며 의가 아름다운 밭에 있으리니

사 32:17 　의의 공효는 화평이요 의의 결과는 영원한 평안과 안전**이라**

욥 8:20 　**하나님은** 순전한 사람을 버리지 아니하시고 **악한 자를 붙들어
　　　　　주지 아니하신즉**

욥 8:21   웃음으로 네 입에, 즐거운 소리로 네 입술에 채우시리니

벧전 3:12 주의 눈은 의인을 향하시고 그의 귀는 저의 간구에 기울이시
되 주의 낯은 악행하는 자들을 향하시느니라 하였느니라

벧전 3:13 또 너희가 열심으로 선을 행하면 누가 너희를 해하리요

욥 36:7   그 눈을 의인에게서 돌이키지 아니하시고 그를 왕과 함께 영
원히 위에 앉히사 존귀하게 하시며

욥 36:8   혹시 그들이 누설에 매이거나 환난의 줄에 얽혔으면

욥 36:9   그들의 소행과 허물을 보이사 그 교만한 행위를 알게 하시고

욥 36:10 그들의 귀를 열어 교훈을 듣게 하시며 명하여 죄악에서 돌아
오게 하시나니

욥 36:11 만일 그들이 청종하여 섬기면 형통히 날을 보내며 즐거이 해
를 지낼 것이요

욥 36:12 만일 그들이 청종치 아니하면 칼에 망하며 지식 없이 죽을 것
이니라

시 5:12   여호와여 주는 의인에게 복을 주시고 방패로 함 같이 은혜로
저를 호위하시리이다

사 51:7 　의를 아는 자들아, 마음에 내 율법이 있는 백성들아, 너희는 나를 듣고 사람의 훼방을 두려워 말라 사람의 비방에 놀라지 말라

사 51:8 　그들은 옷 같이 좀에게 먹힐 것이며 그들은 양털 같이 벌레에게 먹힐 것이로되 나의 의는 영원히 있겠고 나의 구원은 세세에 미치리라

욥 11:14 　네 손에 죄악이 있거든 멀리 버리라 불의로 네 장막에 거하지 못하게 하라

욥 11:15 　그리하면 네가 정녕 흠 없는 얼굴을 들게 되고 굳게 서서 두려움이 없으리니

욥 8:20 　하나님은 순전한 사람을 버리지 아니하시고 악한 자를 붙들어 주지 아니하신즉

욥 8:21 　웃음으로 네 입에, 즐거운 소리로 네 입술에 채우시리니

욥 8:22 　너를 미워하는 자는 부끄러움을 입을 것이라 악인의 장막은 없어지리라

습 3:13 　이스라엘의 남은 자는 악을 행치 아니하며 거짓을 말하지 아니하며 입에 궤휼한 혀가 없으며 먹으며 누우나 놀라게 할 자가 없으리라

벧후 2:9 **주께서** 경건한 자는 시험에서 건지시고 불의한 자는 형벌 아래 두어 심판날까지 지키시며

율법을 지키는 자가 평안함

시 119:6   **내가 주의** 모든 계명에 주의할 때에는 부끄럽지 아니하리이다

시 119:165 주의 법을 사랑하는 자에게는 큰 평안이 있으니 **저희에게 장애물이 없으리이다**

시 119:45   **내가** 주의 법도를 구하였사오니 자유롭게 행보할 것이오며

사 48:18   **슬프다 네가 나의 명령을 듣지 아니하였도다** 만일 들었더면 네 평강이 강과 같았겠고 **네 의가 바다 물결 같았을 것이며**

사 48:19   **네 자손이 모래 같았겠고 네 몸의 소생이 모래 알갱이 같아서 그 이름이 내 앞에서 끊어지지 아니하였겠고 없어지지 아니하였으리라 하셨느니라**

5   고통 받는 자가 평안함

마 5:4   애통하는 자는 복이 있나니 저희가 위로를 받을 것임이요

눅 6:21   이제 주린 자는 복이 있나니 너희가 배부름을 얻을 것임이요
            이제 우는 자는 복이 있나니 너희가 웃을 것임이요

시 94:12   여호와여 주의 징벌을 당하며 주의 법으로 교훈하심을 받는
            자가 복이 있나니
시 94:13   이런 사람에게는 환난의 날에 벗어나게 하사 악인을 위하여
            구덩이를 팔 때까지 평안을 주시리이다

시 103:6   여호와께서 의로운 일을 행하시며 압박 당하는 모든 자를 위
            하여 판단하시는도다

시 34:18   여호와는 마음이 상한 자에게 가까이 하시고 중심에 통회하는
            자를 구원하시는도다

시 107:9   저가 사모하는 영혼을 만족케 하시며 주린 영혼에게 좋은 것
            으로 채워주심이로다

습 3:12   내가 곤고하고 가난한 백성을 너의 중에 남겨 두리니 그들이

여호와의 이름을 의탁하여 보호를 받을지라

시 140:12 내가 알거니와 여호와는 고난 당하는 자를 신원하시며 궁핍한
자에게 공의를 베푸시리이다

6 회개하는 자가 평안함

잠 28:13 　자기의 죄를 숨기는 자는 형통치 못하나 죄를 자복하고 버리
　　　　는 자는 불쌍히 여김을 받으리라

욜 2:12 　여호와의 말씀에 너희는 이제라도 금식하며 울며 애통하고 마
　　　　음을 다하여 내게로 돌아오라 하셨나니

욜 2:13 　너희는 옷을 찢지 말고 마음을 찢고 너희 하나님 여호와께로
　　　　돌아올지어다 그는 은혜로우시며 자비로우시며 노하기를 더
　　　　디하시며 인애가 크시사 뜻을 돌이켜 재앙을 내리지 아니하시
　　　　나니

욜 2:14 　주께서 혹시 마음과 뜻을 돌이키시고 그 뒤에 복을 끼치사 너
　　　　희 하나님 여호와께 소제와 전제를 드리게 하지 아니하실는지
　　　　누가 알겠느냐

잠언을 지키는 자가 평안함

잠 1:33 오직 나를 듣는 자는 안연히 살며 재앙의 두려움이 없이 평안
하리라

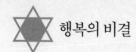# 행복의 비결

병이 있어서 다리가 코끼리처럼 된 사람이 있다. 잘 걷지 못했고, 몇 걸음 걷다가 쓰러지기 일수였지만, 종이 박스를 주워서 생활하고 있었다. 그에게는 아내와 아들이 있었는데 행복해 보였다. 자세한 이야기는 유튜브에서 '코끼리 다리 아빠'를 검색하면 나온다.

가진게 많아도 불행한 사람이 있고, 심한 장애를 가져도 행복한 사람이 있다. 사람이 돈이 많다고 행복한 게 아니다. 돈으로 살 수 있는 행복은 한계가 있고, 돈으로 고칠 수 있는 병도 한계가 있다.

행복이 '마음 먹기에 달려있다'고 한다. 그 마음이란 '작은 것에도 감사할 수 있는 마음'이다. 가난해도 감사하는 사람은 행복하고, 부자여도 감사하지 않는 사람은 불행하다. 근데 감사하는 마음을 가진 사람은 매우 드물다. 그렇기에 솔로몬이 '행복은 하나님께서 주셔야만 받을 수 있는 것'이라 하였다.

전 2:24   사람이 먹고 마시며 수고하는 것보다 그의 마음을 더 기쁘게 하는 것은 없나니 내가 이것도 본즉 하나님의 손에서 나오는것이로다 나는 이 세상 삶이 사후 세계를 위한 '훈련 과정'이라 생각하기에, 모든 인생은 하나님께서 주신 '시련'을 통해 훈련을 받는다 생각한다. 시련을 통해 더 나아지는 인생과 그렇지 않은 인생이 있을 뿐 쉬운 인생은 없다. 물론 그 시련의 시작은 하나님께서 사람이 고통을 받으라고 주시는 게 아니라, 각 사람의 악한 점과 욕심 때문에 시작된다.

전 9:3 모든 사람의 결국은 일반이라 이것은 해 아래에서 행해지는 모든 일 중의 악한 것이니 곧 인생의 마음에는 악이 가득하여 그들의 평생에 미친 마음을 품고 있다가 후에는 죽은 자들에게로 돌아가는 것이라

약 1:14 오직 각 사람이 시험을 받는 것은 자기 욕심에 끌려 미혹됨이니

약 1:15 욕심이 잉태한즉 죄를 낳고 죄가 장성한즉 사망을 낳느니라

다윗도 밧세바 사건과 인구 조사 사건으로 시험을 당한 이유는, 다윗이 더 나은 수준의 의인으로 갈 수 있는 순간이었다

고 생각한다. 하나님께서 이유 없이 다윗에게 고통을 주시려고 만든 시험이 아니다.

하나님께서 의인으로 노아, 욥, 다니엘을 꼽으시는데, 만약 다윗이 천국에서 왜 본인이 그런 의인들보다 인정받지 못하냐고 하나님께 따진다면, 하나님께서는 다윗이 시험을 통과하지 못한 것을 말씀하실 것이다.

마찬가지로 하나님을 믿는 모든 사람에게는, 그 사람이 더 나은 사람으로 되기 위해 시험이 올 것이다. 그 때 본인을 증명하는 사람은 다음 단계로 넘어가고, 그렇지 못한 사람은 그 수준에 머물러 있게 된다. 그 시험을 통과했든, 베드로처럼 예수님을 부인하며 통과하지 못했듯, 의인의 길을 걷는 사람이라면, 그 시험이 자양분이 돼서 더 나은 사람이 되어갈 것이다.

나는 행복한 편이다. 하나님께서 나에게 주신 모든 것들, 일, 아이들, 집, 차, 건강, 매일의 시간과 열정, 기회, 아이디어, 심지어 병과 고통까지도 감사하다. 아무리 안 좋은 일이 생겨도, 그 안에서 내가 할 수 있는 바를 할 뿐이다. 나머지는 하나님께 맡긴다. 하나님께서 공정하게 처리해 주실 것이다.

배우자를
얻는 법

9

배우자는 하나님이 짝지어 주시는 것일까? 사람 의지로
원하는 사람과 결혼할 수 있는 것일까? 좋은 배우자를
만나려면 어떻게 해야할까?

아내를 주시는 것은 하나님

잠 18:22 아내를 얻는 자는 복을 얻고 여호와께 은총을 받는 자니라

마 19:6 이러한즉 이제 둘이 아니요 한 몸이니 그러므로 하나님이 짝

지어 주신 것을 사람이 나누지 못할지니라 하시니

막 10:9 그러므로 하나님이 짝지어 주신 것을 사람이 나누지 못할지니

라 하시더라 기록하였거니와

잠 19:14 집과 재물은 조상에게서 상속하거니와 슬기로운 아내는 여호

와께로서 말미암느니라

아내를 주시는 이유

창 2:18 여호와 하나님이 가라사대 사람의 독처하는 것이 좋지 못하니
내가 그를 위하여 돕는 배필을 지으리라 하시니라

창 2:20 아담이 모든 육축과 공중의 새와 들의 모든 짐승에게 이름을
주니라 아담이 돕는 배필이 없으므로

창 2:21 여호와 하나님이 아담을 깊이 잠들게 하시니 잠들매 그가 그
갈빗대 하나를 취하고 살로 대신 채우시고

창 2:24 이러므로 남자가 부모를 떠나 그 아내와 연합하여 둘이 한 몸
을 이룰지로다

마 19:5 말씀하시기를 이러므로 사람이 그 부모를 떠나서 아내에게 합
하여 그 둘이 한 몸이 될지니라하신 것을 읽지 못하였느냐

막 10:7 이러므로 사람이 그 부모를 떠나서

막 10:8 그 둘이 한 몸이 될지니라 이러한즉 이제 둘이 아니요 한 몸이니

말 2:15 여호와는 영이 유여하실지라도 오직 하나를 짓지 아니하셨느
냐 어찌하여 하나만 지으셨느냐 이는 경건한 자손을 얻고자
하심이니라 그러므로 네 심령을 삼가 지켜 어려서 취한 아내
에게 궤사를 행치 말지니라

일을 해야 아내를 받는다

전 9:9 네 헛된 평생의 모든 날 곧 하나님이 해 아래서 네게 주신 모든
헛된 날에 사랑하는 아내와 함께 즐겁게 살지어다 이는 네가
일평생에 해 아래서 수고하고 얻은 분복이니라

기도를 통해 아내를 받는다

창 24:7 하늘의 하나님 여호와께서 **나를 내 아버지의 집과 내 본토에서 떠나게 하시고 내게 말씀하시며 내게 맹세하여 이르시기를 이 땅을 네 씨에게 주리라 하셨으니** 그가 그 사자를 네 앞서 보내실지라 네가 거기서 내 아들을 위하여 아내를 택할지니라

창 24:12 **그가 가로되 우리 주인 아브라함의** 하나님 여호와여 원컨대 오늘날 나로 순적히 만나게 하사 나의 주인 아브라함에게 은혜를 베푸시옵소서

호의를 통해 배우자를 받는다

출 2:17 목자들이 와서 그들을 쫓는지라 모세가 일어나 그들을 도와
그 양무리에게 먹이니라

출 2:18 그들이 그 아비 르우엘에게 이를 때에 아비가 가로되 너희가
오늘은 어찌하여 이같이 속히 돌아오느냐

출 2:19 그들이 가로되 한 애굽 사람이 우리를 목자들의 손에서 건져
내고 우리를 위하여 물을 길어 양무리에게 먹였나이다

출 2:20 아비가 딸들에게 이르되 그 사람이 어디 있느냐 너희가 어찌
하여 그 사람을 버리고 왔느냐 그를 청하여 음식으로 대접하
라 하였더라

출 2:21 모세가 그와 동거하기를 기뻐하매 그가 그 딸 십보라를 모세
에게 주었더니

창 24:13 성중 사람의 딸들이 물 길러 나오겠사오니 내가 우물 곁에 섰
다가

창 24:14 한 소녀에게 이르기를 청컨대 너는 물 항아리를 기울여 나로
마시게 하라 하리니 그의 대답이 마시라 내가 당신의 약대에
게도 마시우리라 하면 그는 주께서 주의 종 이삭을 위하여 정
하신 자라 이로 인하여 주께서 나의 주인에게 은혜 베푸심을
내가 알겠나이다

창 24:17 종이 마주 달려가서 가로되 청컨대 네 물 항아리의 물을 내게
조금 마시우라

창 24:18 그가 가로되 주여 마시소서 하며 급히 그 물 항아리를 손에 내
려 마시게 하고

창 24:19 마시우기를 다하고 가로되 당신의 약대도 위하여 물을 길어
그것들로 배불리 마시게 하리이다 하고

왜 나는 배우자가 없을까?

아담이 일하기 시작했을 때, 동물들에게 이름을 붙여주기 시작했을 때, 하나님께서는 아담을 위해 하와를 주신다. 하나님은 공평하셔야 하기에, 결혼에 뜻이 있는 일하는 모든 사람은 당연히 배우자가 생겨야 한다.

창 2:20 아담이 모든 육축과 공중의 새와 들의 모든 짐승에게 이름을 주니라 아담이 돕는 배필이 없으므로

창 2:21 여호와 하나님이 아담을 깊이 잠들게 하시니 잠들매 그가 그 갈빗대 하나를 취하고 살로 대신 채우시고

그런데 통계적으로 7명 중 1명은 평생 혼자 산다. 혼자 살아야 하는 정확한 이유는 알 수 없지만, 내 생각에는 그 사람이 너무 눈이 높거나, 결혼에 뜻이 없거나, 일하지 않고 노는 경우라 생각한다. 또는 너무 악하면 그에 대한 벌로, 혹은 너무 선하면 예수님처럼 더 옳게 살라고 배우자를 주지 않는 경우도 드물게 있다고 생각한다.

연애만 하며 평생 사는 것은 성경적이지 않다. 모든 사람에게 생육하고 번성하라 하였으니, 번성하고 결혼하는 데에 뜻이 있으면 당연히 배우자를 주셔야 한다. 적어도 그 사람에게

'기회'를 주셔야 아담과 비교했을 때 공평하다.

얼마나 일을 해야 배우자를 얻을 수 있는지 보면, '야곱'에 비춰봤을 때 약 7년을 일하면 결혼할 수 있다. 모은 돈이 많고 적음을 떠나, 그 사람의 외모가 잘나고 못나고를 떠나, 결혼에 뜻이 있는 사람이라면 7년 정도 일했으면 결혼을 하게끔 해줘야 하나님께서 공평하신 것이다.

창 29:18 야곱이 라헬을 연애하므로 대답하되 내가 외삼촌의 작은 딸 라헬을 위하여 외삼촌에게 칠년을 봉사하리이다

다만 현대 사회는 아담과 달리 아무 것도 안 하면 배우자가 생기지 않는다. '고백'도 해야 하고 종종 차이기도 한다. 그리고 오래 연애해도 결혼해서 같이 살아보면 안 맞기도 하고, 연애 중에는 상대방이 좋은 사람인지 나쁜 사람인지 알기도 어렵다. 대신에 아담보다 나은 점이라면, 그때보다 세상에 더 많은 사람이 있기에 본인이 원하는 성격과 외모의 사람을 선택해서 만날 수 있다.

리브가가 시종과 낙타에게 물을 먹이거나, 모세가 이드로의 딸들을 도왔을 때처럼, 결혼에 성공하기 위해서는 상대에게 '선행'을 베푸는 게 좋다. 나 역시 그럴 때에 맺어진 경우가 많았다.

그래도 배우자를 얻기 어렵다면, '남이 짝지어지도록' 돕는 것도 좋다. 남을 여러 명 짝지어 준 사람이, 정작 본인은 혼자 산다면 공평하지 않다. 그래서 분명히 중매하는 사람은 하나님께서 더 잘 짝지어지도록 도와주실 것이라 생각한다.

그리고 무엇보다 중요한 것은, 믿는 사람이든 믿지 않는 사람이든 모든 사람의 마음은 하나님께서 만드셨고, 모든 결혼은 하나님께서 맺어주시는 것이기에, 하나님께 기도하면 더 빠르게, 더 좋은 사람을 주실 것이다.

자손의 복

10

자식을 위해 부모는 희생한다. 한 달에 몇 십만 원 학원비가 별 거 아닌 것 같지만, 모이면 대학 등록금보다 많고, 장기적으로 쌓일 이자까지 보면 노후 자금 대부분이 사라진다.

그런데 현실을 보면, 공부를 잘 한다고 인생이 성공하는 게 아니다. 대부분은 '운'이 좋아서 성공한다. 그리고 운은 하나님께로부터 온다.

자손과 복을 주시는 것은 하나님

사 66:9   여호와께서 가라사대 내가 임산케 하였은즉 해산케 아니하겠
느냐 네 하나님이 가라사대 나는 해산케 하는 자인즉 어찌 태
를 닫겠느냐 하시니라

창 29:31   여호와께서 레아에게 총이 없음을 보시고 그의 태를 여셨으나
라헬은 무자하였더라

창 30:22   하나님이 라헬을 생각하신지라 하나님이 그를 들으시고 그 태
를 여신 고로

창 30:23   그가 잉태하여 아들을 낳고 가로되 하나님이 나의 부끄러움을
씻으셨다 하고

창 30:2   야곱이 라헬에게 노를 발하여 가로되 그대로 성태치 못하게
하시는 이는 하나님이시니 내가 하나님을 대신하겠느냐

수 24:3   내가 너희 조상 아브라함을 강 저편에서 이끌어내어 가나안으
로 인도하여 온 땅을 두루 행하게 하고 그 씨를 번성케 하려고
그에게 이삭을 주었고

수 24:4   이삭에게는 야곱과 에서를 주었으며 에서에게는 세일산을 소
유로 주었으나 야곱과 그 자손들은 애굽으로 내려갔으므로

시 127:3 자식은 여호와의 주신 기업이요 태의 열매는 그의 상급이로다

시 127:4 젊은 자의 자식은 장사의 수중의 화살 같으니

시 127:5 이것이 그 전통에 가득한 자는 복되도다 저희가 성문에서 그
원수와 말할 때에 수치를 당치 아니하리로다

룻 4:14 여인들이 나오미에게 이르되 찬송할지로다 여호와께서 오늘
날 네게 기업 무를 자가 없게 아니하셨도다 이 아이의 이름이
이스라엘 중에 유명하게 되기를 원하노라

대상 26:5 여섯째 암미엘과 일곱째 잇사갈과 여덟째 브울래대니 이는 하
나님이 오벧에돔에게 복을 주셨음이며

출 34:6 여호와께서 그의 앞으로 지나시며 반포하시되 여호와로라 여
호와로라 자비롭고 은혜롭고 노하기를 더디하고 인자와 진실
이 많은 하나님이로라

출 34:7 인자를 천대까지 베풀며 악과 과실과 죄를 용서하나 형벌 받
을 자는 결단코 면죄하지 않고 아비의 악을 자여손 삼 사대까
지 보응하리라

창 46:3 하나님이 가라사대 나는 하나님이라 네 아비의 하나님이니 애

굽으로 내려가기를 두려워 말라 내가 거기서 너로 큰 민족을
이루게 하리라

❷ 율법을 지키는 자의 자손에게 복을 주신다

출 20:6 　나를 사랑하고 내 계명을 지키는 자에게는 천대까지 은혜를
　　　　베푸느니라

신 7:9 　그런즉 너는 알라 오직 네 하나님 여호와는 하나님이시요 신
　　　　실하신 하나님이시라 그를 사랑하고 그 계명을 지키는 자에게
　　　　는 천대까지 그 언약을 이행하시며 인애를 베푸시되

신 12:28 　내가 네게 명하는 이 모든 말을 너는 듣고 지키라 네 하나님 여
　　　　호와의 목전에 선과 의를 행하면 너와 네 후손에게 영영히 복
　　　　이 있으리라

사 48:18 　슬프다 네가 나의 명령을 듣지 아니하였도다 만일 들었더면
　　　　네 평강이 강과 같았겠고 네 의가 바다 물결 같았을 것이며

사 48:19 　네 자손이 모래 같았겠고 네 몸의 소생이 모래 알갱이 같아서
　　　　그 이름이 내 앞에서 끊어지지 아니하였겠고 없어지지 아니하
　　　　였으리라 하셨느니라

창 26:4 　네 자손을 하늘의 별과 같이 번성케 하며 이 모든 땅을 네 자손
　　　　에게 주리니 네 자손을 인하여 천하 만민이 복을 받으리라

창 26:5 　이는 아브라함이 내 말을 순종하고 내 명령과 내 계명과 내 율

례와 내 법도를 지켰음이니라 하시니라

신 30:16 곧 내가 오늘날 너를 명하여 네 하나님 여호와를 사랑하고 그
모든 길로 행하며 그 명령과 규례와 법도를 지키라 하는 것이
라 그리하면 네가 생존하며 번성할 것이요 또 네 하나님 여호
와께서 네가 가서 얻을 땅에서 네게 복을 주실 것임이니라

시 132:12 네 자손이 내 언약과 저희에게 교훈하는 내 증거를 지킬진대
저희 후손도 영원히 네 위에 앉으리라 하셨도다

창 17:6 내가 너로 심히 번성케 하리니 나라들이 네게로 좇아 일어나
며 열왕이 네게로 좇아 나리라

창 17:7 내가 내 언약을 나와 너와 네 대대 후손의 사이에 세워서 영원
한 언약을 삼고 너와 네 후손의 하나님이 되리라

창 17:8 내가 너와 네 후손에게 너의 우거하는 이 땅 곧 가나안 일경으로
주어 영원한 기업이 되게 하고 나는 그들의 하나님이 되리라

창 17:9 하나님이 또 아브라함에게 이르시되 그런즉 너는 내 언약을
지키고 네 후손도 대대로 지키라

창 17:10 너희 중 남자는 다 할례를 받으라 이것이 나와 너희와 너희 후
손 사이에 지킬 내 언약이니라

창 22:16 가라사대 여호와께서 이르시기를 내가 나를 가리켜 맹세하노니 네가 이같이 행하여 네 아들 네 독자를 아끼지 아니하였은즉

창 22:17 내가 네게 큰 복을 주고 네 씨로 크게 성하여 하늘의 별과 같고 바닷가의 모래와 같게 하리니 네 씨가 그 대적의 문을 얻으리라

창 22:18 또 네 씨로 말미암아 천하 만민이 복을 얻으리니 이는 네가 나의 말을 준행하였음이니라 하셨다 하니라

신 13:16 또 그 속에서 빼앗아 얻은 물건을 다 거리에 모아 놓고 그 성읍과 그 탈취물 전부를 불살라 네 하나님 여호와께 드릴지니 그 성읍은 영영히 무더기가 되어 다시는 건축됨이 없을 것이니라

신 13:17 너는 이 진멸할 물건을 조금도 네 손에 대지 말라 그리하면 여호와께서 그 진노를 그치시고 너를 긍휼히 여기시고 자비를 더하사 너의 열조에게 맹세하심 같이 네 수효를 번성케 하실 것이라

신 13:18 네가 만일 네 하나님 여호와의 말씀을 듣고 오늘날 내가 네게 명하는 그 모든 명령을 지켜 네 하나님 여호와의 목전에 정직을 행하면 이같이 되리라

하나님을 경외하는 자의 자손에게 복을 주신다

출 1:20 하나님이 그 산파들에게 은혜를 베푸시니라 백성은 생육이 번
성하고 심히 강대하며

출 1:21 산파는 하나님을 경외하였으므로 하나님이 그들의 집을 왕성
케 하신지라

잠 14:26 여호와를 경외하는 자에게는 견고한 의뢰가 있나니 그 자녀들
에게 피난처가 있으리라

출 23:24 너는 그들의 신을 숭배하지 말며 섬기지 말며 그들의 소위를
본 받지 말고 그것들을 다 훼파하며 그 주상을 타파하고

출 23:25 너의 하나님 여호와를 섬기라 그리하면 여호와가 너희의 양식
과 물에 복을 내리고 너희 중에 병을 제하리니

출 23:26 네 나라에 낙태하는 자가 없고 잉태치 못하는 자가 없을 것이
라 내가 너의 날 수를 채우리라

의로운 자의 자손에게 복을 주신다

잠 11:21　악인은 피차 손을 잡을지라도 벌을 면치 못할 것이나 의인의
　　　　　자손은 구원을 얻으리라

잠 11:28　**자기의 재물을 의지하는 자는 패망하려니와** 의인은 푸른 잎사
　　　　　귀 같아서 번성하리라

시 92:12　의인은 종려나무 같이 번성하며 **레바논의** 백향목 같이 발육하
　　　　　리로다

시 92:13　**여호와의 집에 심겼음이여 우리 하나님의 궁정에서 흥왕하리
　　　　　로다**

시 92:14　**늙어도 결실하며 진액이 풍족하고 빛이 청청하여**

시 92:15　**여호와의 정직하심을 나타내리로다 여호와는 나의 바위시라
　　　　　그에게는 불의가 없도다**

자식은 복일까 부채일까?

사람의 관점으로 보면 자식은 '부채'이다. 한 명을 키우는데 약 6억원 가량이 든다. 물론 대학교 학비나 결혼자금까지 포함한 것으로 보인다. 자식을 낳지 않으면 그만큼 부자가 될 수 있다. 6억을 30년으로 나누면, 1년에 2천만원씩 모아야 한다. 평균 연봉이 4천이고, 생활비가 연 2천만원이면, 자식한 명 키우기도 벅차다.

그러나 성경의 관점으로 보면 자식은 '축복'이다. 자식을 만드는 분은 '하나님'이시기에, 그 자식을 키울 능력도 당연히 주신다. 만약 부모가 키울 능력이 없다면 자식은 그 사람에게 복이 아니라 저주가 될 것이다. 하나님께서 그렇게 될 걸 아시면서 자식을 주실 리는 없다.

대상 26:5 여섯째 암미엘과 일곱째 잇사갈과 여덟째 브울래대니 이는 하나님이 오벧에돔에게 복을 주셨음이며

첫 아이가 태어났을 때 난 무척 가난했다. 다만, 이 아이를 먹여 살리기 위해 나쁜 짓만 아니면 어떤 일이라도 해야겠다고 다짐했다. 그런데 지금은 중산층 정도는 된다고 생각한다. 내 아이들 덕분에 복을 더 주셨다고 믿는다.

모든 동식물과 악한 사람들까지도 먹여 살리시는 하나님이시다. 하물며 하나님 말씀을 지키려는 사람을 굶겨 죽이시지는 않으실 것이다. 사람의 마음까지 만드셨기에, 내 자식들을 나쁜 일에 빠지지 않게 해주시고, 사고를 당하지 않게 해주시리라 믿는다. 내 자식이 앞으로 잘 되는 이유는 아이가 잘나고, 학원을 많이 다니고, 보약을 많이 먹어서가 아니라, 나나 내 자식이 하나님 말씀을 지켰기 때문이라 믿는다.

그리고 정말 '천 대'까지 은혜를 베푸신다고 하였는데, 단지 복을 많이 줄 거라는 말을 과장해서 표현하셨다고 생각하지 않는다. 내가 율법을 지키고 의롭게 산다면, 천 대가 되기까지 자손이 이어지도록 만들어 주실 것이고, 그들의 인생에 복을 주실 것이다. 나중에 내가 부활한 뒤에 그 천 대가 실제로 복 받았음을 보여주실 수도 있다.

한 세대를 20년으로 계산해도 천 대면 2만년이다. 그 천 대의 약속을 처음한 것이 '아브라함(유태인)'이었고, 기원전 2천년쯤에 아브라함이 나왔으니, 어쩌면 앞으로 1만 6천년 뒤에나 종말이 오지 않을까?

응답받는 법   11

사람이 어떻게 살아갈지에 대한 자유가 있듯, 하나님께
서도 누구의 기도에 어떻게 응답하실지에 대한 자유가
있다.

다만 하나님께서 사람을 돕는 과정이 '공평'해야 하기
에, 공평하게 응답해 주실 것이다. 어떤 사람에게 어떤
경우에 응답하고 도움을 주시는 걸까?

고통 받는 자에게 응답하심

사 41:17 가련하고 빈핍한 자가 물을 구하되 물이 없어서 갈증으로 그
들의 혀가 마를 때에 나 여호와가 그들에게 응답하겠고 나 이
스라엘의 하나님이 그들을 버리지 아니할 것이라

사 66:2 나 여호와가 말하노라 나의 손이 이 모든 것을 지어서 다 이루
었느니라 무릇 마음이 가난하고 심령에 통회하며 나의 말을
인하여 떠는 자 그 사람은 내가 권고하려니와

시 51:16 주는 제사를 즐겨 아니하시나니 그렇지 않으면 내가 드렸을
것이라 주는 번제를 기뻐 아니하시나이다

시 51:17 하나님의 구하시는 제사는 상한 심령이라 하나님이여 상하고
통회하는 마음을 주께서 멸시치 아니하시리이다

시 102:17 여호와께서 빈궁한 자의 기도를 돌아보시며 저희 기도를 멸시
치 아니하셨도다

시 140:12 내가 알거니와 여호와는 고난 당하는 자를 신원하시며 궁핍한
자에게 공의를 베푸시리이다

삼상 5:12 죽지 아니한 사람들은 독종으로 치심을 받아 성읍의 부르짖음

이 하늘에 사무쳤더라

출 2:23 여러 해 후에 애굽 왕은 죽었고 이스라엘 자손은 고역으로 인하여 탄식하며 부르짖으니 그 고역으로 인하여 부르짖는 소리가 하나님께 상달한지라

시 145:14 여호와께서는 모든 넘어지는 자를 붙드시며 비굴한 자를 일으키시는도다

시 145:15 중생의 눈이 주를 앙망하오니 주는 때를 따라 저희에게 식물을 주시며

시 145:16 손을 펴사 모든 생물의 소원을 만족케 하시나이다

창 35:3 우리가 일어나 벧엘로 올라가자 나의 환난날에 내게 응답하시며 나의 가는 길에서 나와 함께 하신 하나님께 내가 거기서 단을 쌓으려 하노라 하매

의로운 자에게 응답하심

사 1:15   너희가 손을 펼 때에 내가 눈을 가리우고 너희가 많이 기도할
지라도 내가 듣지 아니하리니 이는 너희의 손에 피가 가득함
이니라

사 64:5   주께서 기쁘게 의를 행하는 자와 주의 길에서 주를 기억하는
자를 선대하시거늘 우리가 범죄하므로 주께서 진노하셨사오
며 이 현상이 이미 오랬사오니 우리가 어찌 구원을 얻을 수 있
으리이까

요일 3:21   사랑하는 자들아 만일 우리 마음이 우리를 책망할 것이 없으
면 하나님 앞에서 담대함을 얻고

요일 3:22   무엇이든지 구하는 바를 그에게 받나니 이는 우리가 그의 계
명들을 지키고 그 앞에서 기뻐하시는 것을 행함이라

요일 3:23   그의 계명은 이것이니 곧 그 아들 예수 그리스도의 이름을 믿
고 그가 우리에게 주신 계명대로 서로 사랑할 것이니라

잠 15:29   여호와는 악인을 멀리 하시고 의인의 기도를 들으시느니라

욥 35:12   그들이 악인의 교만을 인하여 거기서 부르짖으나 응락하는 자
가 없음은

욥 35:13   **헛된 부르짖음은** 하나님이 결코 듣지 아니하시며 **전능자가 돌** 아보지 아니 하심이라

시 10:17   **여호와여** 주는 겸손한 자의 소원을 들으셨으니 저희 마음을 예비하시며 귀를 기울여 들으시고

시 10:18   고아와 압박 당하는 자를 위하여 심판하사 세상에 속한 자로 다시는 위협지 못하게 하시리이다

벧전 3:12   주의 눈은 의인을 향하시고 그의 귀는 저의 간구에 기울이시되 주의 낯은 악행하는 자들을 향하시느니라 하였느니라

벧전 3:13   또 너희가 열심으로 선을 행하면 누가 너희를 해하리요

율법을 지키는 자에게 응답하심

단 9:4 　내 하나님 여호와께 기도하며 자복하여 이르기를 크시고 두려워 할 주 하나님, 주를 사랑하고 주의 계명을 지키는 자를 위하여 언약을 지키시고 그에게 인자를 베푸시는 자시여

슥 7:9 　만군의 여호와가 이미 말하여 이르기를 너희는 진실한 재판을 행하며 피차에 인애와 긍휼을 베풀며

슥 7:10 　과부와 고아와 나그네와 궁핍한 자를 압제하지 말며 남을 해하려 하여 심중에 도모하지 말라 하였으나

슥 7:11 　그들이 청종하기를 싫어하여 등으로 향하며 듣지 아니하려고 귀를 막으며

슥 7:12 　그 마음을 금강석 같게 하여 율법과 만군의 여호와가 신으로 이전 선지자를 빙자하여 전한 말을 듣지 아니하므로 큰 노가 나 만군의 여호와께로서 나왔도다

슥 7:13 　만군의 여호와가 말하였었노라 내가 불러도 그들이 듣지 아니하였은즉 그들이 불러도 내가 듣지 아니하고

잠 28:9 　사람이 귀를 돌이키고 율법을 듣지 아니하면 그의 기도도 가증하니라

요 9:31 　하나님이 죄인을 듣지 아니하시고 경건하여 그의 뜻대로 행하는 자는 들으시는 줄을 우리가 아나이다

하나님을 믿는 자에게 응답하심

막 11:23 **내가 진실로 너희에게 이르노니 누구든지 이 산더러 들리어 바다에 던지우라 하며** 그 말하는 것이 이룰 줄 믿고 마음에 의심치 아니하면 그대로 되리라

막 11:24 **그러므로 내가 너희에게 말하노니 무엇이든지 기도하고 구하는 것은** 받은 줄로 믿으라 그리하면 너희에게 그대로 되리라

마 7:7 구하라 그러면 너희에게 주실 것이요 찾으라 그러면 찾을 것이요 문을 두드리라 그러면 너희에게 열릴 것이니

마 7:8 **구하는 이마다 얻을 것이요 찾는 이가 찾을 것이요 두드리는 이에게 열릴 것이니라**

마 7:9 **너희 중에 누가 아들이 떡을 달라 하면 돌을 주며**

마 7:10 **생선을 달라 하면 뱀을 줄 사람이 있겠느냐**

마 7:11 **너희가 악한 자라도 좋은 것으로 자식에게 줄 줄 알거든 하물** 며 하늘에 계신 너희 아버지께서 구하는 자에게 좋은 것으로 주시지 않겠느냐

눅 11:9 **내가 또 너희에게 이르노니 구하라 그러면 너희에게 주실 것** 이요 찾으라 그러면 찾을 것이요 문을 두드리라 그러면 너희 에게 열릴 것이니

눅 11:10   구하는 이마다 받을 것이요 찾는 이가 찾을 것이요 두드리는
          이에게 열릴 것이니라

눅 11:11   너희 중에 아비된 자 누가 아들이 생선을 달라 하면 생선 대신
          에 뱀을 주며

눅 11:12   알을 달라 하면 전갈을 주겠느냐

눅 11:13   너희가 악할지라도 좋은 것을 자식에게 줄 줄 알거든 하물며 너
          희 천부께서 구하는 자에게 성령을 주시지 않겠느냐 하시니라

시 145:18 여호와께서는 자기에게 간구하는 모든 자 곧 진실하게 간구하
          는 모든 자에게 가까이 하시는도다

시 145:19 저는 자기를 경외하는 자의 소원을 이루시며 또 저희 부르짖
          음을 들으사 구원하시리로다

시 145:20 여호와께서 자기를 사랑하는 자는 다 보호하시고 악인은 다
          멸하시리로다

시 37:3   여호와를 의뢰하여 선을 행하라 땅에 거하여 그의 성실로 식
          물을 삼을지어다

시 37:4   또 여호와를 기뻐하라 저가 네 마음의 소원을 이루어 주시리
          로다

시 37:5 너의 길을 여호와께 맡기라 저를 의지하면 저가 이루시고

시 37:6 네 의를 빛같이 나타내시며 네 공의를 정오의 빛같이 하시리로다

롬 8:31 그런즉 이 일에 대하여 우리가 무슨 말 하리요 만일 하나님이 우리를 위하시면 누가 우리를 대적하리요

롬 8:32 자기 아들을 아끼지 아니하시고 우리 모든 사람을 위하여 내어주신 이가 어찌 그 아들과 함께 모든 것을 우리에게 은사로 주지 아니하시겠느뇨

히 11:6 믿음이 없이는 기쁘시게 못하나니 하나님께 나아가는 자는 반드시 그가 계신 것과 또한 그가 자기를 찾는 자들에게 상 주시는 이심을 믿어야 할지니라

행 17:24 우주와 그 가운데 있는 만유를 지으신 신께서는 천지의 주재시니 손으로 지은 전에 계시지 아니하시고

행 17:25 또 무엇이 부족한 것처럼 사람의 손으로 섬김을 받으시는 것이 아니니 이는 만민에게 생명과 호흡과 만물을 친히 주시는 자이심이라

시 103:8　여호와는 자비로우시며 은혜로우시며 노하기를 더디 하시며
　　　　　인자하심이 풍부하시도다

시 103:9　항상 경책지 아니하시며 노를 영원히 품지 아니하시리로다

시 103:10　우리의 죄를 따라 처치하지 아니하시며 우리의 죄악을 따라
　　　　　갚지 아니하셨으니

시 103:11　이는 하늘이 땅에서 높음 같이 그를 경외하는 자에게 그 인자
　　　　　하심이 크심이로다

5 예수님 믿는 자에게 응답하심

요 14:21 나의 계명을 가지고 지키는 자라야 나를 사랑하는 자니 **나를 사랑하는 자는 내 아버지께 사랑을 받을 것이요** 나도 그를 사랑하여 그에게 나를 나타내리라

요 15:7 너희가 내 안에 거하고 내 말이 너희 안에 거하면 무엇이든지 원하는 대로 구하라 그리하면 이루리라

요 15:10 **내가 아버지의 계명을 지켜 그의 사랑 안에 거하는 것같이** 너희도 내 계명을 지키면 내 사랑 안에 거하리라

요 15:11 **내가 이것을 너희에게 이름은 내 기쁨이 너희 안에 있어 너희 기쁨을 충만하게 하려 함이니라**

요 15:12 내 계명은 곧 내가 너희를 사랑한 것같이 너희도 서로 사랑하라 하는 이것이니라

요 15:13 **사람이 친구를 위하여 자기 목숨을 버리면 이에서 더 큰 사랑이 없나니**

요 15:14 **너희가 나의 명하는 대로 행하면 곧 나의 친구라**

요 15:15 **이제부터는 너희를 종이라 하지 아니하리니 종은 주인의 하는 것을 알지 못함이라 너희를 친구라 하였노니 내가 내 아버지께 들은 것을 다 너희에게 알게 하였음이니라**

요 15:16 **너희가 나를 택한 것이 아니요 내가 너희를 택하여 세웠나니**

이는 너희로 가서 과실을 맺게 하고 또 너희 과실이 항상 있게 하여 내 이름으로 아버지께 무엇을 구하든지 다 받게 하려 함이니라

요일 5:13 내가 하나님의 아들의 이름을 믿는 너희에게 이것을 쓴 것은 너희로 하여금 너희에게 영생이 있음을 알게 하려 함이라

요일 5:14 그를 향하여 우리의 가진바 담대한 것이 이것이니 그의 뜻대로 무엇을 구하면 들으심이라

요일 5:15 우리가 무엇이든지 구하는 바를 들으시는 줄을 안즉 우리가 그에게 구한 그것을 얻은 줄을 또한 아느니라

요 16:23 그 날에는 너희가 아무 것도 내게 묻지 아니하리라 내가 진실로 진실로 너희에게 이르노니 너희가 무엇이든지 아버지께 구하는 것을 내 이름으로 주시리라

요 16:24 지금까지는 너희가 내 이름으로 아무 것도 구하지 아니하였으나 구하라 그리하면 받으리니 너희 기쁨이 충만하리라

막 9:23 예수께서 이르시되 할 수 있거든이 무슨 말이냐 믿는 자에게는 능치 못할 일이 없느니라 하시니

요일 3:22   무엇이든지 구하는 바를 그에게 받나니 이는 우리가 그의 계
명들을 지키고 그 앞에서 기뻐하시는 것을 행함이라

요일 3:23   그의 계명은 이것이니 곧 그 아들 예수 그리스도의 이름을 믿
고 그가 우리에게 주신 계명대로 서로 사랑할 것이니라

요일 3:24   그의 계명들을 지키는 자는 주 안에 거하고 주는 저 안에 거하
시나니 우리에게 주신 성령으로 말미암아 그가 우리 안에 거
하시는 줄을 우리가 아느니라

지혜롭게 기도하는 법

마 21:21 예수께서 대답하여 가라사대 내가 진실로 너희에게 이르노니 만일 너희가 믿음이 있고 의심치 아니하면 이 무화과나무에게 된 이런 일만 할뿐 아니라 이 산더러 들려 바다에 던지우라 하여도 될 것이요

마 21:22 너희가 기도할 때에 무엇이든지 믿고 구하는 것은 다 받으리라 하시니라

마 18:15 네 형제가 죄를 범하거든 가서 너와 그 사람과만 상대하여 권고하라 만일 들으면 네가 네 형제를 얻은 것이요

마 18:16 만일 듣지 않거든 한 두 사람을 데리고 가서 두 세 증인의 입으로 말마다 증참케 하라

마 18:17 만일 그들의 말도 듣지 않거든 교회에 말하고 교회의 말도 듣지 않거든 이방인과 세리와 같이 여기라

마 18:18 진실로 너희에게 이르노니 무엇이든지 너희가 땅에서 매면 하늘에서도 매일 것이요 무엇이든지 땅에서 풀면 하늘에서도 풀리리라

마 18:19 진실로 다시 너희에게 이르노니 너희 중에 두 사람이 땅에서 합심하여 무엇이든지 구하면 하늘에 계신 내 아버지께서 저희를 위하여 이루게 하시리라

마 18:20 두 세 사람이 내 이름으로 모인 곳에는 나도 그들 중에 있느니라

마 6:7 **또 기도할 때에** 이방인과 같이 중언부언하지 말라 저희는 말을 많이 하여야 들으실 줄 생각하느니라

마 6:8 **그러므로 저희를 본받지 말라 구하기 전에 너희에게 있어야 할 것을 하나님 너희 아버지께서 아시느니라**

딤전 2:1 **그러므로 내가 첫째로 권하노니 모든 사람을 위하여 간구와 기도와 도고와 감사를 하되**

딤전 2:2 임금들과 높은 지위에 있는 모든 사람을 위하여 하라 이는 우리가 모든 경건과 단정한 중에 고요하고 평안한 생활을 하려 함이니라

딤전 2:3 **이것이 우리 구주 하나님 앞에 선하고 받으실 만한 것이니**

딤전 2:4 **하나님은 모든 사람이 구원을 받으며 진리를 아는데 이르기를 원하시느니라**

벧전 3:7 **남편 된 자들아 이와 같이 지식을 따라 너희** 아내와 동거하고 저는 더 연약한 그릇이요 **또 생명의 은혜를 유업으로 함께 받을 자로 알아 귀히 여기라** 이는 너희 기도가 막히지 아니하게 하려 함이라

마 5:23 **그러므로 예물을 제단에 드리다가 거기서 네 형제에게 원망**

들을만한 일이 있는 줄 생각나거든

마 5:24 예물을 제단 앞에 두고 먼저 가서 형제와 화목하고 그 후에 와
서 예물을 드리라

막 11:25 서서 기도할 때에 아무에게나 혐의가 있거든 용서하라 그리하
여야 하늘에 계신 너희 아버지도 너희 허물을 사하여 주시리
라 하셨더라

시 69:30 내가 노래로 하나님의 이름을 찬송하며 감사함으로 하나님을
광대하시다 하리니

시 69:31 이것이 소 곧 뿔과 굽이 있는 황소를 드림보다 여호와를 더욱
기쁘시게 함이 될 것이라

믿으면 정말 이루어질까?

자기계발서에 '쓰면 이루어진다'는 말을 많이 볼 수 있다. 원하는 것을 적었는데 1-2년 뒤에 대부분이 이뤄져 있었다는 뜻이다. 그걸 경험한 사람이 너무 많기에, 이 말이 사실인 것처럼 여겨진다. 그래서 황당하게도 '쓰는 순간' 온 우주가 그걸 이뤄주기 위해 도와준다고 한다.

그런데 성경적으로는 그걸 이뤄주시는 분은 하나님이시다. 대부분의 사람들은 본인이 원하는 게 명확하지 않고 계속 바뀌기에, 하나님께서 들어주고 싶으셔도 들어줄 수 없다. 반면, 원하는 게 명확하면, 하나님께서는 그걸 이뤄주실 수 있다. 하나님께서는 모든 사람을 창조했고, 모든 사람을 사랑하시기에 그 사람이 하나님을 안 믿는 악한 사람일지라도 하나님께서는 그 소원을 이뤄주려고 하신다.

그리고 예수께서는 믿고 의심하지 않으면 이루어질 것이라 하셨고, 구하는 자마다 모두 얻을 수 있을 것이라 하셨다.

마 7:7 구하라 그러면 너희에게 주실 것이요 찾으라 그러면 찾을 것이요 문을 두드리라 그러면 너희에게 열릴 것이니

마 7:8 구하는 이마다 얻을 것이요 찾는 이가 찾을 것이요 두

드리는 이에게 열릴 것이니라

이뤄진다한들 '언제' 얻게 되는지는 알 수 없다. 아무리 기다려도 이뤄주시지 않는다 생각할 수 있다. 아브라함은 하나님께서 약속하신지 25년만에 이삭을 얻게 되는데, 그 과정에서 믿음이 부족하여 첩을 통해 이스마엘을 얻게 된다.

아브라함이야 하나님께서 직접 약속하셨기에 그렇게 오래 걸렸어도 공평하다고 할 수 있다. 하지만 보통의 사람들은 하나님께서 약속하시지 않았기에, 당연히 아브라함보다 훨씬 빠르게 이뤄주시리라 믿는다.

그 시기가 너무 늦는다면, 그것이 이뤄지기까지 고통받는 시간이 길 것이다. 그리고 그게 너무 길다면, 사람들이 하나님을 공의롭고 공평하신 하나님이라고 하기 어려울 것이다. 그리고 하나님 역시 그 사람이 오랫동안 고통받는 것을 원하시지 않을 것이다. 그래서 때론 사람이 생각할 때 응답의 때가 늦다고 여겨질지언정, 하나님께서는 가장 적절한 때에 그 사람의 소원을 이뤄주실 것이다.

지혜를
얻는법

12

지혜가 '금'보다 낫다고 하였는데, 왜 지혜가 금보다 낫

고, 어떤 사람에게 지혜를 주시는 것일까?

지혜를 주시는 것은 하나님

전 2:26　하나님이 그 기뻐하시는 자에게는 지혜와 지식과 희락을 주시
　　　나 죄인에게는 노고를 주시고 저로 모아 쌓게 하사 하나님을
　　　기뻐하는 자에게 주게 하시나니 이것도 헛되어 바람을 잡으려
　　　는 것이로다

단 1:17　하나님이 이 네 소년에게 지식을 얻게 하시며 모든 학문과 재
　　　주에 명철하게 하신 외에 다니엘은 또 모든 이상과 몽조를 깨
　　　달아 알더라

단 2:20　다니엘이 말하여 가로되 영원 무궁히 하나님의 이름을 찬송할
　　　것은 지혜와 권능이 그에게 있음이로다

단 2:21　그는 때와 기한을 변하시며 왕들을 폐하시고 왕들을 세우시며
　　　지혜자에게 지혜를 주시고 지식자에게 총명을 주시는도다

단 2:22　그는 깊고 은밀한 일을 나타내시고 어두운데 있는 것을 아시
　　　며 또 빛이 그와 함께 있도다

출 31:2　내가 유다 지파 훌의 손자요 우리의 아들인 브살렐을 지명하
　　　여 부르고

출 31:3　하나님의 신을 그에게 충만하게 하여 지혜와 총명과 지식과
　　　여러 가지 재주로

출 31:4   공교한 일을 연구하여 금과 은과 놋으로 만들게 하며

출 31:5   보석을 깎아 물리며 나무를 새겨서 여러가지 일을 하게 하고

출 31:6   내가 또 단 지파 아히사막의 아들 오홀리압을 세워 그와 함께 하게 하며 무릇 지혜로운 마음이 있는 자에게 내가 지혜를 주어 그들로 내가 네게 명한 것을 다 만들게 할지니

욥 38:36   가슴 속의 지혜는 누가 준 것이냐 마음 속의 총명은 누가 준 것이냐

욥 38:37   누가 지혜로 구름을 계수하겠느냐 누가 하늘의 병을 쏟아

욥 38:38   티끌로 진흙을 이루며 흙덩이로 서로 붙게 하겠느냐

욥 38:39   네가 암사자를 위하여 식물을 사냥하겠느냐 젊은 사자의 식량을 채우겠느냐

욥 38:40   그것들이 굴에 엎드리며 삼림에 누워서 기다리는 때에니라

욥 38:41   까마귀 새끼가 하나님을 향하여 부르짖으며 먹을 것이 없어서 오락가락할 때에 그것을 위하여 먹을 것을 예비하는 자가 누구냐

약 1:5   너희 중에 누구든지 지혜가 부족하거든 모든 사람에게 후히 주시고 꾸짖지 아니하시는 하나님께 구하라 그리하면 주시리라

창 41:15   바로가 요셉에게 이르되 내가 한 꿈을 꾸었으나 그것을 해석하

는 자가 없더니 들은즉 너는 꿈을 들으면 능히 푼다더라

창 41:16 요셉이 바로에게 대답하여 가로되 이는 내게 있는 것이 아니라 하나님이 바로에게 평안한 대답을 하시리이다

시 72:1 (솔로몬의 시) 하나님이여 주의 판단력을 왕에게 주사고 주의 의를 왕의 아들에게 주소서

시 72:2 저가 주의 백성을 의로 판단하며 주의 가난한 자를 공의로 판단하리니

시 72:3 의로 인하여 산들이 백성에게 평강을 주며 작은 산들도 그리하리로다

욥 28:20 그런즉 지혜는 어디서 오며 명철의 곳은 어디인고

욥 28:21 모든 생물의 눈에 숨겨졌고 공중의 새에게 가리워졌으며

욥 28:22 멸망과 사망도 이르기를 우리가 귀로 그 소문은 들었다 하느니라

욥 28:23 하나님이 그 길을 깨달으시며 있는 곳을 아시나니

하나님을 경외(두려워) 하는 것이 지혜

시 111:10 여호와를 경외함이 곧 지혜의 근본이라 그 계명을 지키는 자
는 다 좋은 지각이 있나니 여호와를 찬송함이 영원히 있으리
로다

욥 28:28 또 사람에게 이르시기를 주를 경외함이 곧 지혜요 악을 떠남
이 명철이라 하셨느니라

잠 9:10 여호와를 경외하는 것이 지혜의 근본이요 거룩하신 자를 아는
것이 명철이니라

잠 9:11 나 지혜로 말미암아 네 날이 많아질 것이요 네 생명의 해가 더
하리라

③ 율법을 지키는 자에게 지혜를 주심

신 4:6 너희는 지켜 행하라 그리함은 열국 앞에 너희의 지혜요 너희
의 지식이라 그들이 이 모든 규례를 듣고 이르기를 이 큰 나라
사람은 과연 지혜와 지식이 있는 백성이로다 하리라

시 119:98 주의 계명이 항상 나와 함께 하므로 그것이 나로 원수보다 지
혜롭게 하나이다

시 119:99 내가 주의 증거를 묵상하므로 나의 명철함이 나의 모든 스승
보다 승하며

시 119:100 주의 법도를 지키므로 나의 명철함이 노인보다 승하니이다

시 19:7 여호와의 율법은 완전하여 영혼을 소성케 하고 여호와의 증거
는 확실하여 우둔한 자로 지혜롭게 하며

시 19:8 여호와의 교훈은 정직하여 마음을 기쁘게 하고 여호와의 계명
은 순결하여 눈을 밝게 하도다

시 19:9 여호와를 경외하는 도는 정결하여 영원까지 이르고 여호와의
규례는 확실하여 다 의로우니

시 19:10 금 곧 많은 정금보다 더 사모할 것이며 꿀과 송이꿀보다 더 달
도다

시 19:11 또 주의 종이 이로 경계를 받고 이를 지킴으로 상이 크니이다

하나님을 경외하는 것이 지혜의 근본인 이유

천사들은 사람보다 뛰어난 능력을 갖고 있지만, 그 능력을 함부로 쓰지 않는다. 왜냐하면 함부로 쓰면 하나님께 벌 받을 것이라는 것을 잘 안다.

사람 역시 하나님을 몰라도, 누군가 '지켜보고 있다'면 자신의 행동에 조심하게 된다. 하물며 모든 것을 만들고, 모든 것을 본인 뜻대로 하실 수 있는 분이 다 지켜보고 계신다면 함부로 행동하지 않을 것이다.

하나님의 계시는 것을 알면, 하나님께서 어떤 분이신지, 왜 세상을 만들고, 나를 만들고, 세상은 어떤 원칙에 의해 돌아가는지 알게 된다.

하나님을 모르는 사람은 자신이 원하는 것을 확실하게만 하면 그것이 이뤄진다고 믿지만, 하나님을 아는 사람은 그걸 이뤄주시는 분이 하나님인 걸 안다. 그래서 하나님을 아는 것이 '지혜의 근본'이라고 한 것이다.

잠 9:10   여호와를 경외하는 것이 지혜의 근본이요 거룩하신
            자를 아는 것이 명철이니라

또한 어떻게 사는 게 바르게 사는 것인지 알게 되고, 바르게 사는 것이 결국 나에게 좋다는 것을 알게 된다. 하나님의 말씀(율법)은 사람을 위해 존재하고, 그걸 지켜서 좋은 것은 하나님이 아니라 사람이기 때문이다.

대부분의 경우 사람은 똑똑할 수록 불행하다. 아는 게 많을 수록, 다른 사람과 세상이 얼마나 악한지 잘 보게 된다. 하나님을 믿지 않는다면, 그 악함과 불행에 물들기 쉽다.

선하고 공정하신 하나님을 믿기에, 모든 사람이 자신이 한대로 돌려받을 것이란 것도 믿고, 살면서 겪는 힘든 대부분의 것을 하나님께 맡기면 되기에, 그나마 마음 편히 인생을 살 수 있게 된다.

공평하신 하나님

13

성경에서 하나님은 '사랑'과 '인자'가 많으시다는 말이 성경에 많이 나온다.

그런데 하나님의 사랑이 이뤄지는 방식은, '공평과 공의'로 세상을 통치하시는 것이다.

내가 힘든 일을 힘들지 않게 이겨낼 수 있는 이유는, 모든 것을 알고 계신 하나님께서 '공평하고 공의롭게' 언젠가는 돌려주실 것이라는 것을 믿기 때문이다.

하나님께서 말씀하시는 공의와 공평

사 45:21   너희는 고하며 진술하고 또 피차 상의하여 보라 이 일을 이전부터 보인 자가 누구냐 예로부터 고한 자가 누구냐 나 여호와가 아니냐 나 외에 다른 신이 없나니 나는 공의를 행하며 구원을 베푸는 하나님이라 나 외에 다른 이가 없느니라

렘 9:23   여호와께서 이같이 말씀하시되 지혜로운 자는 그 지혜를 자랑치 말라 용사는 그 용맹을 자랑치 말라 부자는 그 부함을 자랑치 말라

렘 9:24   자랑하는 자는 이것으로 자랑할지니 곧 명철하여 나를 아는 것과 나 여호와는 인애와 공평과 정직을 땅에 행하는 자인 줄 깨닫는 것이라 나는 이 일을 기뻐하노라 여호와의 말이니라

사 3:10   너희는 의인에게 복이 있으리라 말하라 그들은 그 행위의 열매를 먹을 것임이요

사 3:11   악인에게는 화가 있으리니 화가 있을 것은 그 손으로 행한 대로 보응을 받을 것임이니라

렘 17:9   만물보다 거짓되고 심히 부패한 것은 마음이라 누가 능히 이를 알리요마는

렘 17:10   나 여호와는 심장을 살피며 폐부를 시험하고 각각 그 행위와

그 행실대로 보응하나니

렘 17:11 불의로 치부하는 자는 자고새가 낳지 아니한 알을 품음 같아서 그 중년에 그것이 떠나겠고 필경은 어리석은 자가 되리라

렘 21:14 내가 너희 행위대로 벌할 것이요 **내가 또 수풀에 불을 놓아 그 사경을 사르리라 여호와의 말이니라**

사 28:17 나는 공평으로 줄을 삼고 의로 추를 삼으니 **우박이 거짓의 피난처를 소탕하며 물이 그 숨는 곳에 넘칠 것인즉**

렘 25:14 **여러 나라와 큰 왕들이 그들로 자기 역군을 삼으리라 내가** 그들의 행위와 그들의 손의 행한 대로 보응하리라 **하시니라**

겔 7:8 **이제 내가 속히 분을 네게 쏟고 내 진노를 네게 이루어서** 네 행위대로 너를 심판하여 네 모든 가증한 일을 네게 보응하되

겔 7:9 내가 너를 아껴 보지 아니하며 긍휼히 여기지도 아니하고 네 행위대로 너를 벌하여 **너의 가증한 일이 너희 중에 나타나게 하리니 나 여호와가 치는 줄을 네가 알리라**

겔 9:10 **그러므로 내가 그들을 아껴 보지 아니하며 긍휼을 베풀지 아니하고** 그 행위대로 그 머리에 갚으리라 **하시더라**

겔 22:31　내가 내 분으로 그 위에 쏟으며 내 진노의 불로 멸하여 그 행위
　　　　대로 그 머리에 보응하였느니라 나 주 여호와의 말이니라

겔 24:14　나 여호와가 말하였은즉 그 일이 이룰지라 내가 돌이키지도
　　　　아니하며 아끼지도 아니하며 뉘우치지도 아니하고 행하리니
　　　　그들이 네 모든 행위대로 너를 심문하리라 나 주 여호와의 말
　　　　이니라 하셨다 하라

겔 33:20　그러나 너희가 이르기를 주의 길이 공평치 않다 하는도다 이스
　　　　라엘 족속아 내가 너희의 각기 행한 대로 심판하리라 하시니라

호 4:9　장차는 백성이나 제사장이나 일반이라 내가 그 소행대로 벌하
　　　　며 그 소위대로 갚으리라

호 4:10　저희가 먹어도 배부르지 아니하며 행음하여도 수효가 더하지
　　　　못하니 이는 여호와 좇기를 그쳤음이니라

욥 40:11　너의 넘치는 노를 쏟아서 교만한 자를 발견하여 낱낱이 낮추되

욥 40:12　모든 교만한 자를 발견하여 낮추며 악인을 그 처소에서 밟아서

욥 40:13　그들을 함께 진토에 묻고 그 얼굴을 싸서 어둑한 곳에 둘지니라

욥 40:14　그리하면 네 오른손이 너를 구원할 수 있다고 내가 인정하리라

예수께서 말씀하시는 공의와 공평

마 16:25 누구든지 제 목숨을 구원코자 하면 잃을 것이요 누구든지 나를 위하여 제 목숨을 잃으면 찾으리라

마 16:26 사람이 만일 온 천하를 얻고도 제 목숨을 잃으면 무엇이 유익하리요 사람이 무엇을 주고 제목숨을 바꾸겠느냐

마 16:27 인자가 아버지의 영광으로 그 천사들과 함께 오리니 그 때에 각 사람의 행한 대로 갚으리라

계 22:12 보라 내가 속히 오리니 내가 줄 상이 내게 있어 각 사람에게 그의 일한 대로 갚아 주리라

눅 6:37 비판치 말라 그리하면 너희가 비판을 받지 않을 것이요 정죄하지 말라 그리하면 너희가 정죄를 받지 않을 것이요 용서하라 그리하면 너희가 용서를 받을 것이요

눅 6:38 주라 그리하면 너희에게 줄 것이니 곧 후히 되어 누르고 흔들어 넘치도록 하여 너희에게 안겨 주리라 너희의 헤아리는 그 헤아림으로 너희도 헤아림을 도로 받을 것이니라

막 4:24 또 가라사대 너희가 무엇을 듣는가 스스로 삼가라 너희의 헤아리는 그 헤아림으로 너희가 헤아림을 받을 것이요 또 더 받으리니

막 4:25	있는 자는 받을 것이요 없는 자는 그 있는 것까지 빼앗기리라
마 12:36	내가 너희에게 이르노니 사람이 무슨 무익한 말을 하든지 심 판날에 이에 대하여 심문을 받으리니
마 12:37	네 말로 의롭다 함을 받고 네 말로 정죄함을 받으리라
계 2:23	또 내가 사망으로 그의 자녀를 죽이리니 모든 교회가 나는 사 람의 뜻과 마음을 살피는 자인 줄 알지라 내가 너희 각 사람의 행위 대로 갚아 주리라
마 5:1	예수께서 무리를 보시고 산에 올라가 앉으시니 제자들이 나아 온지라
마 5:2	입을 열어 가르쳐 가라사대
마 5:3	심령이 가난한 자는 복이 있나니 천국이 저희 것임이요
마 5:4	애통하는 자는 복이 있나니 저희가 위로를 받을 것임이요
마 5:5	온유한 자는 복이 있나니 저희가 땅을 기업으로 받을 것임이요
마 5:6	의에 주리고 목마른 자는 복이 있나니 저희가 배부를 것임이요
마 5:7	긍휼히 여기는 자는 복이 있나니 저희가 긍휼히 여김을 받을 것임이요
마 5:8	마음이 청결한 자는 복이 있나니 저희가 하나님을 볼 것임이요

마 5:9　　화평케 하는 자는 복이 있나니 저희가 하나님의 아들이라 일
　　　　　컬음을 받을 것임이요

마 5:10　　의를 위하여 핍박을 받은 자는 복이 있나니 천국이 저희 것임
　　　　　이라

마 5:11　　나를 인하여 너희를 욕하고 핍박하고 거짓으로 너희를 거스려
　　　　　모든 악한 말을 할 때에는 너희에게 복이 있나니

마 5:12　　기뻐하고 즐거워하라 하늘에서 너희의 상이 큼이라 너희 전에
　　　　　있던 선지자들을 이같이 핍박하였느니라

계 20:12　또 내가 보니 죽은 자들이 무론대소하고 그 보좌 앞에 섰는데
　　　　　책들어 펴 있고 또 다른 책이 펴졌으니 곧 생명책이라 죽은 자
　　　　　들이 자기 행위를 따라 책들에 기록된 대로 심판을 받으니

구약 선지자가 말하는 공의와 공평

잠 11:31   **보라** 의인이라도 이 세상에서 보응을 받겠거든 하물며 악인과 죄인이리요

시 31:23   **너희 모든 성도들아 여호와를 사랑하라 여호와께서** 진실한 자를 보호하시고 교만하게 행하는 자에게 엄중히 갚으시느니라

잠 24:12   네가 말하기를 나는 그것을 알지 못하였노라 할지라도 마음을 저울질 하시는 이가 어찌 통찰하지 못하시겠으며 네 영혼을 지키시는 이가 어찌 알지 못하시겠느냐 그가 각 사람의 행위대로 보응하시리라

시 62:12   **주여 인자함도 주께 속하였사오니** 주께서 각 사람이 행한 대로 갚으심이니이다

왕상 8:32   주는 하늘에서 들으시고 행하시되 주의 종들을 국문하사 악한 자의 죄를 정하여 그 행위대로 그 머리에 돌리시고 의로운 자를 의롭다 하사 그 의로운대로 갚으시옵소서

사 2:12   **대저 만군의 여호와의 날이 모든** 교만한 자와 거만한 자와 자고한 자에게 임하리니 그들이 낮아지리라

왕상 8:39 　주는 계신 곳 하늘에서 들으시고 사유하시며 각 사람의 마음
　　　　　을 아시오니 그 모든 행위대로 행하사 갚으시옵소서 주만 홀
　　　　　로 인생의 마음을 다 아심이니이다

삼하 22:25 그러므로 여호와께서 내 의대로, 그 목전에 내 깨끗한 대로 내
　　　　　게 갚으셨도다
삼하 22:26 자비한 자에게는 주의 자비하심을 나타내시며 완전한 자에게
　　　　　는 주의 완전하심을 보이시며
삼하 22:27 깨끗한 자에게는 주의 깨끗하심을 보이시며 사특한 자에게는
　　　　　주의 거스리심을 보이시리이다
삼하 22:28 주께서 곤고한 백성은 구원하시고 교만한 자를 살피사 낮추시
　　　　　리이다

시 18:25 　자비한 자에게는 주의 자비하심을 나타내시며 완전한 자에게
　　　　　는 주의 완전하심을 보이시며
시 18:26 　깨끗한 자에게는 주의 깨끗하심을 보이시며 사특한 자에게는
　　　　　주의 거스리심을 보이시리니
시 18:27 　주께서 곤고한 백성은 구원하시고 교만한 눈은 낮추시리이다

욥 4:8 　　내가 보건대 악을 밭갈고 독을 뿌리는 자는 그대로 거두나니

렘 32:18 　주는 은혜를 천만인에게 베푸시며 아비의 죄악을 그 후 자손
　　　　　의 품에 갚으시오니 크고 능하신 하나님이시요 이름은 만군의
　　　　　여호와시니이다

렘 32:19 　주는 모략에 크시며 행사에 능하시며 인류의 모든 길에 주목
　　　　　하시며 그 길과 그 행위의 열매대로 보응하시나이다

욥 34:11 　사람의 일을 따라 보응하사 각각 그 행위대로 얻게 하시나니

욥 34:12 　진실로 하나님은 악을 행치 아니하시며 전능자는 공의를 굽히
　　　　　지 아니 하시느니라

시 96:10 　열방 중에서는 이르기를 여호와께서 통치하시니 세계가 굳게
　　　　　서고 흔들리지 못할지라 저가 만민을 공평히 판단하시리라 할
　　　　　지로다

옵 1:15 　여호와의 만국을 벌할 날이 가까왔나니 너의 행한 대로 너도
　　　　　받을 것인즉 너의 행한 것이 네 머리로 돌아갈 것이라

시 33:4 　여호와의 말씀은 정직하며 그 행사는 다 진실하시도다

시 33:5 　저는 정의와 공의를 사랑하심이여 세상에 여호와의 인자하심
　　　　　이 충만하도다

시 33:6   여호와의 말씀으로 하늘이 지음이 되었으며 그 만상이 그 입 기운으로 이루었도다

욥 37:23   전능자를 우리가 측량할 수 없나니 그는 권능이 지극히 크사 심판이나 무한한 공의를 굽히지 아니 하심이니라

욥 37:24   그러므로 사람들은 그를 경외하고 그는 마음에 지혜롭다 하는 자를 돌아보지 아니하시느니라

왕하 14:6   왕을 죽인 자의 자녀들은 죽이지 아니하였으니 이는 모세의 율법책에 기록된 대로 함이라 곧 여호와께서 명하여 이르시기를 자녀로 인하여 아비를 죽이지 말 것이요 아비로 인하여 자녀를 죽이지 말 것이라 오직 사람마다 자기의 죄로 인하여 죽을 것이니라 하셨더라

사 49:4   그러나 나는 말하기를 내가 헛되이 수고하였으며 무익히 공연히 내 힘을 다하였다 하였도다 정녕히 나의 신원이 여호와께 있고 나의 보응이 나의 하나님께 있느니라

신약의 사도가 말하는 공의와 공평

갈 6:7　스스로 속이지 말라 하나님은 만홀히 여김을 받지 아니하시나 니 사람이 무엇으로 심든지 그대로 거두리라

갈 6:8　자기의 육체를 위하여 심는 자는 육체로부터 썩어진 것을 거 두고 성령을 위하여 심는 자는 성령으로부터 영생을 거두리라

갈 6:9　우리가 선을 행하되 낙심하지 말지니 피곤하지 아니하면 때가 이르매 거두리라

갈 6:10　그러므로 우리는 기회 있는 대로 모든 이에게 착한 일을 하되 더욱 믿음의 가정들에게 할지니라

엡 6:5　종들아 두려워하고 떨며 성실한 마음으로 육체의 상전에게 순 종하기를 그리스도께 하듯 하여

엡 6:6　눈가림만 하여 사람을 기쁘게 하는 자처럼 하지 말고 그리스 도의 종들처럼 마음으로 하나님의 뜻을 행하여

엡 6:7　단 마음으로 섬기기를 주께 하듯 하고 사람들에게 하듯 하지 말라

엡 6:8　이는 각 사람이 무슨 선을 행하든지 종이나 자유하는 자나 주 에게 그대로 받을 줄을 앎이니라

벧전 1:17　외모로 보시지 않고 각 사람의 행위대로 판단하시는 자를 너 희가 아버지라 부른즉 너희의 나그네로 있을 때를 두려움으로 지내라

히 2:2 천사들로 하신 말씀이 견고하게 되어 모든 범죄함과 순종치 아니함이 공변된 보응을 받았거든

히 2:3 우리가 이같이 큰 구원을 등한히 여기면 어찌 피하리요 이 구원은 처음에 주로 말씀하신 바요 들은 자들이 우리에게 확증한 바니

사람에게 벌을 주시는 이유는?

하나님은 사랑이 많으셔서, 부모가 자식을 아끼는 것처럼 악인조차 벌하지 않고 놔두실 것 같지만, 성경에서는 그렇게 말하지 않는다. 악인은 잘못한 만큼 벌을 받고, 의인 역시 잘한 만큼 상을 받는다.

어찌보면 신구약 전체가 말하는 것은 '하나님의 사랑'이다. 그런데 하나님의 사랑이란 모든 사람들을 '공평하고 공의롭게' 심판하신다는 것이다. 성경이 이렇게 두꺼운 이유는 그와 관련된 주요한 예시들을 모두 담기 위해서라고 생각한다.

이스라엘 사람들에게 바로 가나안 땅을 주지 않고, 이집트에서 400년간 고통 받은 이후에 구하신 이유는, 이집트와 가나안 땅의 사람들의 죄악이 하나님이 심판할 만큼 차지 않았기 때문이다. 하나님을 믿지 않는 이집트인과 가나안인들도 공평하게 심판하시려고 기다리신 것이다.

자녀가 잘못했을 때 벌을 주지 않는다면 그것은 부모가 애를 잘못 키우는 것이다. 하나님께서 사람에게 벌을 주시는 이유는, 고통받는 사람의 모습을 즐기려는 것이 아니라, 벌을 받고 회개하기를 바라는 것이다.

문제는 병이든 가난이든 나쁜 것도 하나님으로부터 오는 것임에도, 자신이 사랑하는 하나님께서 본인에게 고통을 준다는 사실은 받아들이기 힘들다. 그래서 대부분의 기독교는 '병'이 하나님으로부터 온다는 사실을 거부한다.

욥은 지나친 의인이라 고통을 받은 경우이다. 선지자나 의인들이 의로움을 증명하기 위한 고난은, 일반 사람들에게는 드문데도 그 부분을 확대하여 설명하곤 한다.

하나님께서 사람에게 벌을 준다는 사실을 받아들이면 하나님이 무서워서라도 율법을 지킬텐데, 그렇지 않으니 말로는 하나님을 사랑한다고 외치면서, 하나님께서 말씀하신 율법에는 관심이 없다.

만약 기독교에서 '율법'을 지켜야 된다고 말하면, 대부분은 기독교를 믿지 않을 것이다. 본인의 자유를 포기하면서까지 보이지 않는 하나님을 위해 살기는 어렵기 때문이다.

이 책도 '벌을 주신다'는 부분 보다, '상을 주신다'는 부분에 초점을 맞춰 '기복신앙'에 대해 썼다. 이러한 접근이 처음에 하나님을 믿는 데에 더 도움이 된다고 생각했다.

복을 받는 법   14

앞에서는 돈/사업/건강 등 '구체적인 복'을 다뤘다면,

여기에서는 '추상적인 복'에 대해 알아본다.

하나님을 믿으면 복을 받는다

렘 15:11 여호와께서 가라사대 내가 진실로 너를 강하게 할 것이요 너
로 복을 얻게 할 것이며 내가 진실로 네 대적으로 재앙과 환난
의 때에 네게 간구하게 하리라

창 39:2 여호와께서 요셉과 함께 하시므로 그가 형통한 자가 되어 그
주인 애굽 사람의 집에 있으니

창 39:3 그 주인이 여호와께서 그와 함께 하심을 보며 또 여호와께서
그의 범사에 형통케 하심을 보았더라

창 39:23 전옥은 그의 손에 맡긴 것을 무엇이든지 돌아보지 아니하였으
니 이는 여호와께서 요셉과 함께 하심이라 여호와께서 그의
범사에 형통케 하셨더라

시 115:12 여호와께서 우리를 생각하사 복을 주시되 이스라엘 집에도 복
을 주시고 아론의 집에도 복을 주시며

시 115:13 대소 무론하고 여호와를 경외하는 자에게 복을 주시리로다

시 84:11 여호와 하나님은 해요 방패시라 여호와께서 은혜와 영화를 주
시며 정직히 행하는 자에게 좋은 것을 아끼지 아니하실 것임
이니이다

시 84:12 만군의 여호와여 주께 의지하는 자는 복이 있나이다

계 11:18 이방들이 분노하매 주의 진노가 임하여 죽은 자를 심판하시며
종 선지자들과 성도들과 또 무론대소하고 주의 이름을 경외하
는 자들에게 상 주시며 또 땅을 망하게 하는 자들을 멸망시키
실 때로소이다 하더라

시 115:13 대소 무론하고 여호와를 경외하는 자에게 복을 주시리로다

잠 10:22 여호와께서 복을 주시므로 사람으로 부하게 하시고 근심을 겸
하여 주지 아니하시느니라

신 12:7 거기 곧 너희 하나님 여호와 앞에서 먹고 너희 하나님 여호와
께서 너희 손으로 수고한 일에 복 주심을 인하여 너희와 너희
가족이 즐거워할지니라

사 30:18 그러나 여호와께서 기다리시나니 이는 너희에게 은혜를 베풀
려 하심이요 일어나시리니 이는 너희를 긍휼히 여기려 하심이
라 대저 여호와는 공의의 하나님이심이라 무릇 그를 기다리는
자는 복이 있도다

잠 16:20 　삼가 말씀에 주의하는 자는 좋은 것을 얻나니 여호와를 의지
　　　　하는 자가 복이 있느니라

시 144:15 　이러한 백성은 복이 있나니 여호와를 자기 하나님으로 삼는
　　　　백성은 복이 있도다

시 146:5 　야곱의 하나님으로 자기 도움을 삼으며 여호와 자기 하나님에
　　　　게 그 소망을 두는 자는 복이 있도다

롬 14:21 　고기도 먹지 아니하고 포도주도 마시지 아니하고 무엇이든지
　　　　네 형제로 거리끼게 하는 일을 아니함이 아름다우니라

롬 14:22 　네게 있는 믿음을 하나님 앞에서 스스로 가지고 있으라 자기
　　　　의 옳다 하는 바로 자기를 책하지 아니하는 자는 복이 있도다

히 11:6 　믿음이 없이는 기쁘시게 못하나니 하나님께 나아가는 자는 반
　　　　드시 그가 계신 것과 또한 그가 자기를 찾는 자들에게 상 주시
　　　　는 이심을 믿어야 할지니라

시 40:4 　여호와를 의지하고 교만한 자와 거짓에 치우치는 자를 돌아보
　　　　지 아니하는 자는 복이 있도다

시 2:12   그 아들에게 입맞추라 그렇지 아니하면 진노하심으로 너희가 길에서 망하리니 그 진노가 급하심이라 여호와를 의지하는 자는 다 복이 있도다

시 31:19   주를 두려워하는 자를 위하여 쌓아 두신 은혜 곧 인생 앞에서 주께 피하는 자를 위하여 베푸신 은혜가 어찌 그리 큰지요

눅 1:45   주께서 하신 말씀이 다 이루어지리라는 것을 믿는 여인은 참으로 복되도다! (쉬운말 성경, 성서원)

신 16:13   너희 타작 마당과 포도주 틀의 소출을 수장한 후에 칠일 동안 초막절을 지킬 것이요

신 16:14   절기를 지킬 때에는 너와 네 자녀와 노비와 네 성중에 거하는 레위인과 객과 고아와 과부가 함께 연락하되

신 16:15   네 하나님 여호와께서 택하신 곳에서 너는 칠일 동안 네 하나님 여호와 앞에서 절기를 지키고 네 하나님 여호와께서 네 모든 물산과 네 손을 댄 모든 일에 복 주실 것을 인하여 너는 온전히 즐거워할지니라

의로운 자에게 복을 주신다

사 3:10   너희는 의인에게 복이 있으리라 말하라 그들은 그 행위의 열 매를 먹을 것임이요

사 3:11   악인에게는 화가 있으리니 화가 있을 것은 그 손으로 행한 대 로 보응을 받을 것임이니라

신 19:11   그러나 만일 사람이 그 이웃을 미워하여 엎드려 그를 기다리 다가 일어나 쳐서 그 생명을 상하여 죽게 하고 이 한 성읍으로 도피하거든

신 19:12   그 본 성읍 장로들이 사람을 보내어 그를 거기서 잡아다가 보 수자의 손에 넘겨 죽이게 할 것이라

신 19:13   네 눈이 그를 긍휼히 보지 말고 무죄한 피 흘린 죄를 이스라엘 에서 제하라 그리하면 네게 복이 있으리라

민 25:11   제사장 아론의 손자 엘르아살의 아들 비느하스가 나의 질투심 으로 질투하여 이스라엘 자손 중에서 나의 노를 돌이켜서 나 의 질투심으로 그들을 진멸하지 않게 하였도다

민 25:12   그러므로 말하라 내가 그에게 나의 평화의 언약을 주리니

민 25:13   그와 그 후손에게 영원한 제사장 직분의 언약이라 그가 그 하 나님을 위하여 질투하여 이스라엘 자손을 속죄하였음이니라

시 106:3   공의를 지키는 자들과 항상 의를 행하는 자는 복이 있도다

출 32:29 　모세가 이르되 각 사람이 그 아들과 그 형제를 쳤으니 오늘날 여호와께 헌신하게 되었느니라 그가 오늘날 너희에게 복을 내리시리라

잠 21:3 　의와 공평을 행하는 것은 제사 드리는 것보다 여호와께서 기쁘게 여기시느니라

시 5:12 　여호와여 주는 의인에게 복을 주시고 방패로 함 같이 은혜로 저를 호위하시리이다

시 18:20 　여호와께서 내 의를 따라 상 주시며 내 손의 깨끗함을 좇아 갚으셨으니

시 24:3 　여호와의 산에 오를 자 누구며 그 거룩한 곳에 설 자가 누군고
시 24:4 　곧 손이 깨끗하며 마음이 청결하며 뜻을 허탄한데 두지 아니하며 거짓 맹세치 아니하는 자로다
시 24:5 　저는 여호와께 복을 받고 구원의 하나님께 의를 얻으리니

시 73:1 　(아삽의 시) 하나님이 참으로 이스라엘 중 마음이 정결한 자에게 선을 행하시나

잠 11:18　악인의 삯은 허무하되 의를 뿌린 자의 상은 확실하니라

잠 20:7　완전히 행하는 자가 의인이라 그 후손에게 복이 있느니라

계 16:15　보라 내가 도적 같이 오리니 누구든지 깨어 자기 옷을 지켜 벌
거벗고 다니지 아니하며 자기의 부끄러움을 보이지 아니하는
자가 복이 있도다

계 19:7　우리가 즐거워하고 크게 기뻐하여 그에게 영광을 돌리세 어린
양의 혼인 기약이 이르렀고 그 아내가 예비하였으니

계 19:8　그에게 허락하사 빛나고 깨끗한 세마포를 입게 하셨은즉 이
세마포는 성도들의 옳은 행실이로다 하더라

계 19:9　천사가 내게 말하기를 기록하라 어린 양의 혼인 잔치에 청함
을 입은 자들이 복이 있도다 하고 또 내게 말하되 이것은 하나
님의 참되신 말씀이라 하기로

시 137:8　여자 같은 멸망할 바벨론아 네가 우리에게 행한 대로 네게 갚
는 자가 유복하리로다

시 137:9　네 어린 것들을 반석에 메어치는 자는 유복하리로다

율법을 지키는 자가 복이 있다

렘 7:23 오직 내가 이것으로 그들에게 명하여 이르기를 너희는 내 목
소리를 들으라 그리하면 나는 너희 하나님이 되겠고 너희는
내 백성이 되리라 너희는 나의 명한 모든 길로 행하라 그리하
면 복을 받으리라 하였으나

눅 11:28 예수께서 가라사대 오히려 하나님의 말씀을 듣고 지키는 자가
복이 있느니라 하시니라

신 11:27 너희가 만일 내가 오늘날 너희에게 명하는 너희 하나님 여호
와의 명령을 들으면 복이 될 것이요

신 12:25 너는 피를 먹지 말라 네가 이같이 여호와께서 의롭게 여기시
는 일을 행하면 너와 네 후손이 복을 누리리라

시 1:1 복 있는 사람은 악인의 꾀를 좇지 아니하며 죄인의 길에 서지
아니하며 오만한 자의 자리에 앉지 아니하고

시 1:2 오직 여호와의 율법을 즐거워하여 그 율법을 주야로 묵상하는
자로다

시 1:3 저는 시냇가에 심은 나무가 시절을 좇아 과실을 맺으며 그 잎
사귀가 마르지 아니함 같으니 그 행사가 다 형통하리로다

시 1:4   악인은 그렇지 않음이여 오직 바람에 나는 겨와 같도다

시 1:5   그러므로 악인이 심판을 견디지 못하며 죄인이 의인의 회중에
         들지 못하리로다

시 1:6   대저 의인의 길은 여호와께서 인정하시나 악인의 길은 망하리
         로다

느 1:5   가로되 하늘의 하나님 여호와 크고 두려우신 하나님이여 주를
         사랑하고 주의 계명을 지키는 자에게 언약을 지키시며 긍휼을
         베푸시는 주여 간구하나이다

렘 42:6   우리가 당신을 우리 하나님 여호와께 보냄은 그의 목소리가
         우리에게 좋고 좋지 아니함을 물론하고 청종하려 함이라 우리
         가 우리 하나님 여호와의 목소리를 청종하면 우리에게 복이
         있으리이다

욥 22:21 너는 하나님과 화목하고 평안하라 그리하면 복이 네게 임하리라

욥 22:22 청컨대 너는 그 입에서 교훈을 받고 그 말씀을 네 마음에 두라

욥 22:23 네가 만일 전능자에게로 돌아가고 또 네 장막에서 불의를 멀
         리 버리면 다시 흥하리라

잠 13:13   말씀을 멸시하는 자는 패망을 이루고 계명을 두려워하는 자는 상을 얻느니라

잠 29:18   묵시가 없으면 백성이 방자히 행하거니와 율법을 지키는 자는 복이 있느니라

계 1:3   이 예언의 말씀을 읽는 자와 듣는 자들과 그 가운데 기록한 것을 지키는 자들이 복이 있나니 때가 가까움이라

계 22:7   보라 내가 속히 오리니 이 책의 예언의 말씀을 지키는 자가 복이 있으리라 하더라

계 22:8   이것들을 보고 들은 자는 나 요한이니 내가 듣고 볼 때에 이 일을 내게 보이던 천사의 발 앞에 경배하려고 엎드렸더니

계 22:9   저가 내게 말하기를 나는 너와 네 형제 선지자들과 또 이 책의 말을 지키는 자들과 함께 된 종이니 그리하지 말고 오직 하나님께 경배하라 하더라

말 3:8   사람이 어찌 하나님의 것을 도적질하겠느냐 그러나 너희는 나의 것을 도적질하고도 말하기를 우리가 어떻게 주의 것을 도적질하였나이까 하도다 이는 곧 십일조와 헌물이라

말 3:9 너희 곧 온 나라가 나의 것을 도적질하였으므로 너희가 저주를 받았느니라

말 3:10 만군의 여호와가 이르노라 너희의 온전한 십일조를 창고에 들여 나의 집에 양식이 있게 하고 그것으로 나를 시험하여 내가 하늘 문을 열고 너희에게 복을 쌓을 곳이 없도록 붓지 아니하나 보라

시 119:1 행위 완전하여 여호와의 법에 행하는 자가 복이 있음이여

시 119:2 여호와의 증거를 지키고 전심으로 여호와를 구하는 자가 복이 있도다

시 119:3 실로 저희는 불의를 행치 아니하고 주의 도를 행하는도다

창 18:18 아브라함은 강대한 나라가 되고 천하 만민은 그를 인하여 복을 받게 될 것이 아니냐

창 18:19 내가 그로 그 자식과 권속에게 명하여 여호와의 도를 지켜 의와 공도를 행하게 하려고 그를 택하였나니 이는 나 여호와가 아브라함에게 대하여 말한 일을 이루려 함이니라

약 1:25 자유하게 하는 온전한 율법을 들여다보고 있는 자는 듣고 잊어버리는 자가 아니요 실행하는 자니 이 사람이 그 행하는 일에 복을 받으리라

4 구제(이웃사랑)하는 자에게 복이 있다

신 15:7 네 하나님 여호와께서 네게 주신 땅 어느 성읍에서든지 가난한 형제가 너와 함께 거하거든 그 가난한 형제에게 네 마음을 강퍅히 하지 말며 네 손을 움켜 쥐지 말고

신 15:8 반드시 네 손을 그에게 펴서 그 요구하는 대로 쓸 것을 넉넉히 꾸어주라

신 15:9 삼가 너는 마음에 악념을 품지 말라 곧 이르기를 제 칠년 면제년이 가까왔다 하고 네 궁핍한 형제에게 악한 눈을 들고 아무 것도 주지 아니하면 그가 너를 여호와께 호소하리니 네가 죄를 얻을 것이라

신 15:10 너는 반드시 그에게 구제할 것이요, 구제할 때에는 아끼는 마음을 품지 말 것이니라 이로 인하여 네 하나님 여호와께서 네 범사와 네 손으로 하는바에 네게 복을 주시리라

신 24:19 네가 밭에서 곡식을 벨 때에 그 한 뭇을 밭에 잊어버렸거든 다시 가서 취하지 말고 객과 고아와 과부를 위하여 버려두라 그리하면 네 하나님 여호와께서 네 손으로 하는 범사에 복을 내리시리라

막 10:21 예수께서 그를 보시고 사랑하사 가라사대 네게 오히려 한 가지 부족한 것이 있으니 가서 네 있는 것을 다 팔아 가난한 자들

을 주라 그리하면 하늘에서 보화가 네게 있으리라 그리고 와
서 나를 좇으라 하시니

마 6:2   그러므로 구제할 때에 외식하는 자가 사람에게 영광을 얻으려
고 회당과 거리에서 하는 것같이 너희 앞에 나팔을 불지 말라
진실로 너희에게 이르노니 저희는 자기 상을 이미 받았느니라

마 6:3   너는 구제할 때에 오른손의 하는 것을 왼손이 모르게 하여

마 6:4   네 구제함이 은밀하게 하라 은밀한 중에 보시는 너의 아버지
가 갚으시리라

눅 14:12 또 자기를 청한 자에게 이르시되 네가 점심이나 저녁이나 베
풀거든 벗이나 형제나 친척이나 부한 이웃을 청하지 말라 두
렵건대 그 사람들이 너를 도로 청하여 네게 갚음이 될까 하라

눅 14:13 잔치를 배설하거든 차라리 가난한 자들과 병신들과 저는 자들
과 소경들을 청하라

눅 14:14 그리하면 저희가 갚을 것이 없는 고로 네게 복이 되리니 이는
의인들의 부활시에 네가 갚음을 받겠음이니라 하시더라

룻 2:20   나오미가 자부에게 이르되 여호와의 복이 그에게 있기를 원하
노라 그가 생존한 자와 사망한 자에게 은혜 베풀기를 그치지

아니하도다 **나오미가 또 그에게 이르되 그 사람은 우리의 근족이니 우리 기업을 무를 자 중 하나이니라**

잠 22:9   **선한 눈을 가진 자는** 복을 받으리니 이는 양식을 가난한 자에게 줌이니라

행 20:35   **범사에 너희에게 모본을 보였노니 곧 이같이 수고하여** 약한 사람들을 돕고 또 주 예수의 친히 말씀하신 바 주는 것이 받는 것보다 복이 있다 하심**을 기억하여야 할지니라**

잠 14:21   **그 이웃을 업신여기는 자는 죄를 범하는 자요** 빈곤한 자를 불쌍히 여기는 자는 복이 있는 자**니라**

잠 19:17   가난한 자를 불쌍히 여기는 것은 여호와께 꾸이는 것이니 그 선행을 갚아 주시리라

고후 9:8   **하나님이 능히 모든 은혜를 너희에게 넘치게 하시나니 이는 너희로 모든 일에 항상 모든 것이 넉넉하여 모든 착한 일을 넘치게 하게 하려 하심이라**

고후 9:9   **기록한바** 저가 흩어 가난한 자들에게 주었으니 그의 의가 영

원토록 있느니라 함과 같으니라

고후 9:10   심는 자에게 씨와 먹을 양식을 주시는 이가 너희 심을 것을 주
사 풍성하게 하시고 너희 의의 열매를 더하게 하시리니

고후 9:11   너희가 모든 일에 부요하여 너그럽게 연보를 함은 저희로 우
리로 말미암아 하나님께 감사하게 하는 것이라

고통 받는 자에게 복이 있다

벧전 3:14   그러나 의를 위하여 고난을 받으면 복 있는 자니 저희의 두려
          워함을 두려워 말며 소동치 말고

삼하 16:12   혹시 여호와께서 나의 원통함을 감찰하시리니 오늘날 그 저주
          까닭에 선으로 내게 갚아주시리라 하고

벧전 4:14   너희가 그리스도의 이름으로 욕을 받으면 복 있는 자로다 영
          광의 영 곧 하나님의 영이 너희 위에 계심이라

벧전 4:15   너희 중에 누구든지 살인이나 도적질이나 악행이나 남의 일을
          간섭하는 자로 고난을 받지 말려니와

벧전 4:16   만일 그리스도인으로 고난을 받은즉 부끄러워 말고 도리어 그
          이름으로 하나님께 영광을 돌리라

시 90:15   우리를 곤고케 하신 날수대로와 우리의 화를 당한 연수대로
          기쁘게 하소서

욥 5:17   볼지어다 하나님께 징계 받는 자에게는 복이 있나니 그런즉
          너는 전능자의 경책을 업신여기지 말지니라

시 94:12   여호와여 주의 징벌을 당하며 주의 법으로 교훈하심을 받는

자가 복이 있나니

시 107:9 **저가 사모하는 영혼을 만족케 하시며** 주린 영혼에게 좋은 것
　　　　　으로 채워주심**이로다**

시 68:10 **주의 회중으로 그 가운데 거하게 하셨나이다 하나님이여** 가난
　　　　　한 자를 위하여 주의 은택을 준비**하셨나이다**

안식일을 지키는 자에게 복이 있다

사 58:13　만일 안식일에 네 발을 금하여 내 성일에 오락을 행치 아니하고 안식일을 일컬어 즐거운 날이라, 여호와의 성일을 존귀한 날이라 하여 이를 존귀히 여기고 네 길로 행치 아니하며 네 오락을 구치 아니하며 사사로운 말을 하지 아니하면

사 58:14　네가 여호와의 안에서 즐거움을 얻을 것이라 내가 너를 땅의 높은 곳에 올리고 네 조상 야곱의 업으로 기르리라 여호와의 입의 말이니라

사 56:2　안식일을 지켜 더럽히지 아니하며 그 손을 금하여 모든 악을 행치 아니하여야 하나니 이같이 행하는 사람, 이같이 굳이 잡는 인생은 복이 있느니라

사 56:3　여호와께 연합한 이방인은 여호와께서 나를 그 백성 중에서 반드시 갈라내시리라 말하지 말며 고자도 나는 마른 나무라 말하지말라

사 56:4　여호와께서 이같이 말씀하시기를 나의 안식일을 지키며 나를 기뻐하는 일을 선택하며 나의 언약을 굳게 잡는 고자들에게는

사 56:5　내가 내 집에서, 내 성안에서 자녀보다 나은 기념물과 이름을 주며 영영한 이름을 주어 끊치지 않게 할 것이며

사 56:6　또 나 여호와에게 연합하여 섬기며 나 여호와의 이름을 사랑하며 나의 종이 되며 안식일을 지켜 더럽히지 아니하며 나의

언약을 굳게 지키는 이방인마다

사 56:7 　내가 그를 나의 성산으로 인도하여 기도하는 내 집에서 그들
　　　　을 기쁘게 할 것이며 그들의 번제와 희생은 나의 단에서 기꺼
　　　　이 받게 되리니 이는 내 집은 만민의 기도하는 집이라 일컬음
　　　　이 될 것임이라

출 20:11 　이는 엿새 동안에 나 여호와가 하늘과 땅과 바다와 그 가운데
　　　　모든 것을 만들고 제 칠일에 쉬었음이라 그러므로 나 여호와
　　　　가 안식일을 복되게 하여 그 날을 거룩하게 하였느니라

창 2:3 　하나님이 일곱째 날을 복 주사 거룩하게 하셨으니 이는 하나
　　　　님이 그 창조하시며 만드시던 모든 일을 마치시고 이 날에 안
　　　　식하셨음이더라

예수 믿는 자에게 복이 있다

눅 7:22 대답하여 가라사대 너희가 가서 보고 들은 것을 요한에게 고하되 소경이 보며 앉은뱅이가 걸으며 문둥이가 깨끗함을 받으며 귀머거리가 들으며 죽은 자가 살아나며 가난한 자에게 복음이 전파된다 하라

눅 7:23 누구든지 나를 인하여 실족하지 아니하는 자는 복이 있도다 하시니라

엡 1:3 찬송하리로다 하나님 곧 우리 주 예수 그리스도의 아버지께서 그리스도 안에서 하늘에 속한 모든 신령한 복으로 우리에게 복 주시되

엡 1:4 곧 창세 전에 그리스도 안에서 우리를 택하사 우리로 사랑 안에서 그 앞에 거룩하고 흠이 없게 하시려고

엡 1:5 그 기쁘신 뜻대로 우리를 예정하사 예수 그리스도로 말미암아 자기의 아들들이 되게 하셨으니

엡 1:6 이는 그의 사랑하시는 자 안에서 우리에게 거저 주시는 바 그의 은혜의 영광을 찬미하게 하려는 것이라

엡 1:7 우리가 그리스도 안에서 그의 은혜의 풍성함을 따라 그의 피로 말미암아 구속 곧 죄 사함을 받았으니

엡 1:8 이는 그가 모든 지혜와 총명으로 우리에게 넘치게 하사

8   그 외에 복을 주시는 경우

출 20:24   내게 토단을 쌓고 그 위에 너의 양과 소로 너의 번제와 화목제를 드리라 내가 무릇 내 이름을 기념하게 하는 곳에서 네게 강림하여 복을 주리라

마 24:44   이러므로 너희도 예비하고 있으라 생각지 않은 때에 인자가 오리라

마 24:45   충성되고 지혜 있는 종이 되어 주인에게 그 집 사람들을 맡아 때를 따라 양식을 나눠 줄 자가 누구뇨

마 24:46   주인이 올 때에 그 종의 이렇게 하는 것을 보면 그 종이 복이 있으리로다

마 24:47   내가 진실로 너희에게 이르노니 주인이 그 모든 소유를 저에게 맡기리라

삿 17:13   이에 미가가 가로되 레위인이 내 제사장이 되었으니 이제 여호와께서 내게 복 주실 줄을 아노라 하니라

잠 8:32   아들들아 이제 내게 들으라 내 도를 지키는 자가 복이 있느니라

잠 8:33   훈계를 들어서 지혜를 얻으라 그것을 버리지 말라

잠 8:34   누구든지 내게 들으며 날마다 내 문 곁에서 기다리며 문설주 옆에서 기다리는 자는 복이 있나니

잠 8:35   대저 나를 얻는 자는 생명을 얻고 여호와께 은총을 얻을 것임이니라

잠 12:14   사람은 입의 열매로 인하여 복록에 족하며 그 손의 행하는 대로 자기가 받느니라

잠 11:26   곡식을 내지 아니하는 자는 백성에게 저주를 받을 것이나 파는 자는 그 머리에 복이 임하리라

시 137:8   여자 같은 멸망할 바벨론아 네가 우리에게 행한 대로 네게 갚는 자가 유복하리로다

약 4:6   그러나 더욱 큰 은혜를 주시나니 그러므로 일렀으되 하나님이 교만한 자를 물리치시고 겸손한 자에게 은혜를 주신다 하였느니라

약 4:7   그런즉 너희는 하나님께 순복할지어다 마귀를 대적하라 그리하면 너희를 피하리라

자식이 잘 되길 바라서

나는 하나님을 믿고 하나님 말씀대로 살려고 하지만, 내 자식들에게 그것을 강요할 수는 없다. 그리고 강요한다고 해서 내 말대로 사는 것도 아니다.

하지만 적어도 성경에서 어떻게 말하고 있는지는 알려주기 위해 매일 저녁 같이 성경을 읽고 대화한다. 그 이유의 첫째는 아이들이 하나님의 말씀을 믿고 행복하게 인생을 살기를 바라서이고, 둘째는 성경에서 자식에게 가르치라고 했기 때문이다.

신 6:5   너는 마음을 다하고 성품을 다하고 힘을 다하여 네 하나님 여호와를 사랑하라

신 6:6   오늘날 내가 네게 명하는 이 말씀을 너는 마음에 새기고

신 6:7   네 자녀에게 부지런히 가르치며 집에 앉았을 때에든지 길에 행할 때에든지 누웠을 때에든지 일어날 때에든지 이 말씀을 강론할 것이며

엘리 선지자는 자식의 잘못 때문에 끔찍한 죽음을 당하는데, 적어도 그런 일은 없기를 바란다.

삼상 2:22   엘리가 매우 늙었더니 그 아들들이 온 이스라엘에게

행한 모든 일과 회막문에서 수종드는 여인과 동침하

였음을 듣고

삼상 2:23 그들에게 이르되 너희가 어찌하여 이런 일을 하느냐

내가 너희의 악행을 이 모든 백성에게서 듣노라

삼상 2:24 내 아들아 그리 말라 내게 들리는 소문이 좋지 아니하

니라 너희가 여호와의 백성으로 범과케 하는도다

삼상 2:25 사람이 사람에게 범죄하면 하나님이 판결하시려니와

사람이 여호와께 범죄하면 누가 위하여 간구하겠느냐

하되 그들이 그 아비의 말을 듣지 아니하였으니 이는

여호와께서 그들을 죽이기로 뜻하셨음이었더라

집에서는 성경에서 먹지 말라고 하는 '돼지고기와 해물'을 먹지 않는다. 하지만 학교에서 그런 음식이 나오면 스스로 판단해야 한다. 학교까지 쫓아가서 내가 먹지 못하게 할 수는 없다. 다만, '먹지 않는 것'이 좋다고 알려줬고, 그런 음식들이 나올 때면 대체 음식을 싸주곤 했다.

하지만 딸은 학교에서 눈치 보인다고 그런 음식을 먹겠다고 하였다. 이후에는 음식을 싸주지 않았다. 이방 사회에서 하나

님 말씀을 지키는 것은 훨씬 어렵고, 본인이 원하지 않는데 내가 강요한다고 지킬 수 있는 것도 아니다.

나는 태어나기 전부터 하나님을 믿을 사람과 믿지 않을 사람이 어느정도 정해져있다고 생각한다.

내 자식들이 하나님께 선택된 사람이라면, 인생의 어떤 시기부터 하나님을 믿게 될 것이고, 그렇지 않으면 내가 아무리 노력해도 하나님을 믿지 않을 것이다.

나는 나름의 '본보기'를 보이고, 자식들을 위해 '기도'하고, 올바른 성경 지식을 알려주려고는 하겠지만, 모든 것은 하나님의 은혜에 맡길 뿐이다.

의롭게
사는법

성경에서는 의롭게 살면 복이 온다고 한다. 하지만 어떻게 사는 게 '의롭게 사는 것'인지는 설명하기 어렵다.

예수께서는 율법의 '문자 그대로'도 지켜야 하지만, 그 이상으로 더 적극적으로 지켜야 천국에 갈 수 있다고 하셨다.

그렇게 살기 위해 단지 '하나님 말씀과 율법을 지키는 것'을 넘어서, 이웃 사랑을 행하는 구체적인 방법과 인생을 대하는 자세에 대한 구절을 모았다.

율법을 지키는 자가 의인

겔 18:5 사람이 만일 의로워서 법과 의를 따라 행하며

겔 18:6 산 위에서 제물을 먹지 아니하며 이스라엘 족속의 우상에게
        눈을 들지 아니하며 이웃의 아내를 더럽히지 아니하며 월경
        중에 있는 여인을 가까이 하지 아니하며

겔 18:7 사람을 학대하지 아니하며 빚진 자의 전당물을 도로 주며 억
        탈하지 아니하며 주린 자에게 식물을 주며 벗은 자에게 옷을
        입히며

겔 18:8 변을 위하여 꾸이지 아니하며 이식을 받지 아니하며 스스로
        손을 금하여 죄악을 짓지 아니하며 사람 사람 사이에 진실히
        판단하며

겔 18:9 내 율례를 좇으며 내 규례를 지켜 진실히 행할진대 그는 의인
        이니 정녕 살리라 나 주 여호와의 말이니라

신 6:24 여호와께서 우리에게 이 모든 규례를 지키라 명하셨으니 이는
        우리로 우리 하나님 여호와를 경외하여 항상 복을 누리게 하
        기 위하심이며 또 여호와께서 우리로 오늘날과 같이 생활하게
        하려 하심이라

신 6:25 우리가 그 명하신 대로 이 모든 명령을 우리 하나님 여호와 앞
        에서 삼가 지키면 그것이 곧 우리의 의로움이니라 할지니라

눅 1:5   유대 왕 헤롯 때에 아비야 반열에 제사장 하나가 있으니
          이름은 사가랴요 그 아내는 아론의 자손이니 이름은 엘리사벳
          이라

눅 1:6   이 두 사람이 하나님 앞에 의인이니 주의 모든 계명과 규례대
          로 흠이 없이 행하더라

왕상 8:61 그런즉 너희 마음을 우리 하나님 여호와와 화합하여 완전케
          하여 오늘날과 같이 그 법도를 행하며 그 계명을 지킬지어다

마 6:31   그러므로 염려하여 이르기를 무엇을 먹을까 무엇을 마실까 무
          엇을 입을까 하지 말라

마 6:32   이는 다 이방인들이 구하는 것이라 너희 천부께서 이 모든 것
          이 너희에게 있어야 할 줄을 아시느니라

마 6:33   너희는 먼저 그의 나라와 그의 의를 구하라 그리하면 이 모든
          것을 너희에게 더하시리라

창 35:1   하나님이 야곱에게 이르시되 일어나 벧엘로 올라가서 거기 거
          하며 네가 네 형 에서의 낯을 피하여 도망하던 때에 네게 나타
          났던 하나님께 거기서 단을 쌓으라 하신지라

창 35:2   야곱이 이에 자기 집 사람과 자기와 함께 한 모든 자에게 이르

되 너희 중의 이방 신상을 버리고 자신을 정결케 하고 의복을 바꾸라

창 35:3   우리가 일어나 벧엘로 올라가자 나의 환난날에 내게 응답하시며 나의 가는 길에서 나와 함께 하신 하나님께 내가 거기서 단을 쌓으려 하노라 하매

출 16:29   볼지어다 여호와가 너희에게 안식일을 줌으로 제 육일에는 이틀 양식을 너희에게 주는 것이니 너희는 각기 처소에 있고 제 칠일에는 아무도 그 처소에서 나오지 말지니라

삼상 15:21 다만 백성이 그 마땅히 멸할 것 중에서 가장 좋은 것으로 길갈에서 당신의 하나님 여호와께 제사하려고 양과 소를 취하였나이다

삼상 15:22 사무엘이 가로되 여호와께서 번제와 다른 제사를 그 목소리 순종하는 것을 좋아하심 같이 좋아하시겠나이까 순종이 제사보다 낫고 듣는것이 수양의 기름보다 나으니

삼상 15:23 이는 거역하는 것은 사술의 죄와 같고 완고한 것은 사신 우상에게 절하는 죄와 같음이라 왕이 여호와의 말씀을 버렸으므로 여호와께서도 왕을 버려 왕이 되지 못하게 하셨나이다

벧전 4:15 **너희 중에 누구든지 살인이나** 도적질이나 악행이나 남의 일을 간섭하는 자로 고난을 받지 말려니와

약 1:25 **자유하게 하는 온전한** 율법을 들여다보고 있는 **자는 듣고 잊 어버리는 자가 아니요** 실행하는 자니 이 사람이 그 행하는 일 에 복을 받으리라

선을 행하는 자가 의인

창 4:7 　네가 선을 행하면 어찌 낯을 들지 못하겠느냐 선을 행치 아니
하면 죄가 문에 엎드리느니라 죄의 소원은 네게 있으나 너는
죄를 다스릴지니라

마 23:23 　화 있을진저 외식하는 서기관들과 바리새인들이여 너희가 박
하와 회향과 근채의 십일조를 드리되 율법의 더 중한바 의와
인과 신은 버렸도다 그러나 이것도 행하고 저것도 버리지 말
아야 할지니라

의로움으로 고난을 겪는 자가 의인

마 5:6   의에 주리고 목마른 자는 복이 있나니 **저희가 배부를 것임이요**

시 34:19   의인은 고난이 많으나 **여호와께서 그 모든 고난에서 건지시는**
                 도다

시 34:20   그 모든 **뼈**를 보호하심이여 그 중에 하나도 꺾이지 아니하도다

히 12:8   징계는 다 받는 것이거늘 너희에게 없으면 사생자요 참 아들
                 이 아니니라

히 12:9   또 우리 육체의 아버지가 우리를 징계하여도 공경하였거든 하
                 물며 모든 영의 아버지께 더욱 복종하여 살려 하지 않겠느냐

히 12:10   저희는 잠시 자기의 뜻대로 우리를 징계하였거니와 오직 하나님
                 은 우리의 유익을 위하여 그의 거룩하심에 참예케 하시느니라

히 12:11   무릇 징계가 당시에는 즐거워 보이지 않고 슬퍼 보이나 후에
                 그로 말미암아 연달한 자에게는 의의 평강한 열매를 맺나니

벧전 2:18   사환들아 범사에 두려워함으로 주인들에게 순복하되 선하고
                 관용하는 자들에게만 아니라 또한 까다로운 자들에게도 그리
                 하라

벧전 2:19   애매히 고난을 받아도 하나님을 생각함으로 슬픔을 참으면 이
                 는 아름다우나

벧전 2:20 **죄가 있어 매를 맞고 참으면 무슨 칭찬이 있으리요** 오직 선을

행함으로 고난을 받고 참으면 이는 하나님 앞에 아름다우니라

이웃 사랑과 구제하는 자가 의인

신 24:12 그가 가난한 자여든 너는 그의 전집물을 가지고 자지 말고

신 24:13 해 질 때에 그 전집물을 반드시 그에게 돌릴 것이라 그리하면 그가 그 옷을 입고 자며 너를 위하여 축복하리니 그 일이 네 하나님 여호와 앞에서 네 의로움이 되리라

약 1:27 하나님 아버지 앞에서 정결하고 더러움이 없는 경건은 곧 고아와 과부를 그 환난 중에 돌아보고 또 자기를 지켜 세속에 물들지 아니하는 이것이니라

레 19:18 원수를 갚지 말며 동포를 원망하지 말며 이웃 사랑하기를 네 몸과 같이 하라 나는 여호와니라

딤전 6:17 네가 이 세대에 부한 자들을 명하여 마음을 높이지 말고 정함이 없는 재물에 소망을 두지 말고 오직 우리에게 모든 것을 후히 주사 누리게 하시는 하나님께 두며

딤전 6:18 선한 일을 행하고 선한 사업에 부하고 나눠주기를 좋아하며 동정하는 자가 되게 하라

잠 10:12 미움은 다툼을 일으켜도 사랑은 모든 허물을 가리우느니라

마 18:10 　삼가 이 소자 중에 하나도 업신여기지 말라 너희에게 말하노
니 저희 천사들이 하늘에서 하늘에 계신 내 아버지의 얼굴을
항상 뵈옵느니라

눅 17:3 　너희는 스스로 조심하라 만일 네 형제가 죄를 범하거든 경계
하고 회개하거든 용서하라

롬 12:14 　너희를 핍박하는 자를 축복하라 축복하고 저주하지 말라

롬 12:15 　즐거워하는 자들로 함께 즐거워하고 우는 자들로 함께 울라

롬 12:16 　서로 마음을 같이 하며 높은데 마음을 두지 말고 도리어 낮은
데 처하며 스스로 지혜 있는 체 말라

롬 12:17 　아무에게도 악으로 악을 갚지 말고 모든 사람 앞에서 선한 일
을 도모하라

롬 12:18 　할 수 있거든 너희로서는 모든 사람으로 더불어 평화하라

롬 12:19 　내 사랑하는 자들아 너희가 친히 원수를 갚지 말고 진노하심
에 맡기라 기록되었으되 원수 갚는 것이 내게 있으니 내가 갚
으리라고 주께서 말씀하시니라

롬 12:20 　네 원수가 주리거든 먹이고 목마르거든 마시우라 그리함으로
네가 숯불을 그 머리에 쌓아 놓으리라

롬 12:21 　악에게 지지 말고 선으로 악을 이기라

고전 10:23 모든 것이 가하나 모든 것이 유익한 것이 아니요 모든 것이 가하나 모든 것이 덕을 세우는 것이 아니니

고전 10:24 누구든지 자기의 유익을 구치 말고 남의 유익을 구하라

고전 10:25 무릇 시장에서 파는 것은 양심을 위하여 묻지 말고 먹으라

고전 10:26 이는 땅과 거기 충만한 것이 주의 것임이니라

고전 10:27 불신자 중 누가 너희를 청하매 너희가 가고자 하거든 너희 앞에 무엇이든지 차려 놓은 것은 양심을 위하여 묻지 말고 먹으라

고전 10:28 누가 너희에게 이것이 제물이라 말하거든 알게 한 자와 및 양심을 위하여 먹지 말라

딛 3:1 너는 저희로 하여금 정사와 권세 잡은 자들에게 복종하며 순종하며 모든 선한 일 행하기를 예비하게 하며

딛 3:2 아무도 훼방하지 말며 다투지 말며 관용하며 범사에 온유함을 모든 사람에게 나타낼 것을 기억하게 하라

살전 5:14 또 형제들아 너희를 권면하노니 규모 없는 자들을 권계하며 마음이 약한 자들을 안위하고 힘이 없는 자들을 붙들어 주며 모든 사람을 대하여 오래 참으라

살전 5:15 삼가 누가 누구에게든지 악으로 악을 갚지 말게 하고 오직 피차 대하든지 모든 사람을 대하든지 항상 선을 좇으라

요일 5:16 **누구든지** 형제가 사망에 이르지 아니한 죄 범하는 것을 보거
든 구하라 그러면 사망에 이르지 아니하는 범죄자들을 위하여
저에게 생명을 주시리라 사망에 이르는 죄가 있으니 이에 대
하여 나는 구하라 하지 않노라

마 18:15 네 형제가 죄를 범하거든 가서 너와 그 사람과만 상대하여 권
고하라 **만일 들으면 네가 네 형제를 얻은 것이요**

요일 3:13 **형제들아 세상이 너희를 미워하거든 이상히 여기지 말라**

요일 3:14 우리가 형제를 사랑함으로 사망에서 옮겨 생명으로 들어간 줄
을 알거니와 **사랑치 아니하는 자는 사망에 거하느니라**

요일 3:15 그 형제를 미워하는 자마다 살인하는 자니 살인하는 자마다
영생이 그 속에 거하지 아니하는 것을 너희가 아는 바라

요일 3:16 **그가 우리를 위하여 목숨을 버리셨으니 우리가 이로써 사랑을**
알고 우리도 형제들을 위하여 목숨을 버리는 것이 마땅하니라

요일 3:17 누가 이 세상 재물을 가지고 형제의 궁핍함을 보고도 도와 줄
마음을 막으면 하나님의 사랑이 어찌 그 속에 거할까보냐

엡 4:32 서로 인자하게 하며 불쌍히 여기며 서로 용서하기를 **하나님이**
그리스도 안에서 너희를 용서하심과 같이 하라

신 15:11   **땅에는 언제든지 가난한 자가 그치지 아니하겠으므로 내가 네 게 명하여 이르노니** 너는 반드시 네 경내 네 형제의 곤란한 자 와 궁핍한 자에게 네 손을 펼지니라

신 22:1   네 형제의 우양의 길 잃은 것을 보거든 못 본 체하지 말고 **너는 반드시 끌어다가 네 형제에게 돌릴 것이요**

골 3:11   거기는 헬라인과 유대인이나 할례당과 무할례당이나 야인이 나 스구디아인이나 종이나 자유인이 분별이 있을 수 없나니 오직 그리스도는 만유시요 만유 안에 계시니라

골 3:12   그러므로 너희는 하나님의 택하신 거룩하고 사랑하신 자처럼 긍휼과 자비와 겸손과 온유와 오래 참음을 옷입고

골 3:13   누가 뉘게 혐의가 있거든 서로 용납하여 피차 용서하되 주께 서 너희를 용서하신 것과 같이 너희도 그리하고

골 3:14   **이 모든 것 위에 사랑을 더하라 이는 온전하게 매는 띠니라**

눅 6:27   **그러나 너희 듣는 자에게 내가 이르노니** 너희 원수를 사랑하 며 너희를 미워하는 자를 선대하며

눅 6:28   너희를 저주하는 자를 위하여 축복하며 너희를 모욕하는 자를 위하여 기도하라

레 19:17   너는 네 형제를 마음으로 미워하지 말며 이웃을 인하여 죄를
당치 않도록 그를 반드시 책선하라

살전 4:6   이 일에 분수를 넘어서 형제를 해하지 말라 이는 우리가 너희
에게 미리 말하고 증거한 것과 같이 이 모든 일에 주께서 신원
하여 주심이니라

합 2:15   이웃에게 술을 마시우되 자기의 분노를 더하여 그로 취케 하
고 그 하체를 드러내려 하는 자에게 화 있을진저

딤전 3:2   그러므로 감독은 책망할 것이 없으며 한 아내의 남편이 되며
절제하며 근신하며 아담하며 나그네를 대접하며 가르치기를
잘하며

딤전 3:3   술을 즐기지 아니하며 구타하지 아니하며 오직 관용하며 다투
지 아니하며 돈을 사랑치 아니하며

롬 14:21   고기도 먹지 아니하고 포도주도 마시지 아니하고 무엇이든지
네 형제로 거리끼게 하는 일을 아니함이 아름다우니라

하나님을 믿어야 의인

창 15:6 아브람이 여호와를 믿으니 여호와께서 이를 그의 의로 여기시고

시 147:11 자기를 경외하는 자와 그 인자하심을 바라는 자들을 기뻐하시
는도다

예수님을 믿어야 의인

롬 8:29   하나님이 미리 아신 자들로 또한 그 아들의 형상을 본받게 하
         기 위하여 미리 정하셨으니 이는 그로 많은 형제 중에서 맏아
         들이 되게 하려 하심이니라

롬 8:30   또 미리 정하신 그들을 또한 부르시고 부르신 그들을 또한 의
         롭다 하시고 의롭다 하신 그들을 또한 영화롭게 하셨느니라

고후 5:15 저가 모든 사람을 대신하여 죽으심은 산 자들로 하여금 다시
         는 저희 자신을 위하여 살지 않고 오직 저희를 대신하여 죽었
         다가 다시 사신 자를 위하여 살게 하려 함이니라

요일 2:5   누구든지 그의 말씀을 지키는 자는 하나님의 사랑이 참으로
         그 속에서 온전케 되었나니 이로써 우리가 저 안에 있는 줄을
         아노라

요일 2:6   저 안에 거한다 하는 자는 그의 행하시는 대로 자기도 행할지
         니라

탐심이 없어야 의인

골 3:5   그러므로 땅에 있는 지체를 죽이라 곧 음란과 부정과 사욕과
         악한 정욕과 탐심이니 탐심은 우상 숭배니라

골 3:6   이것들을 인하여 하나님의 진노가 임하느니라

요일 2:15 이 세상이나 세상에 있는 것들을 사랑치 말라 누구든지 세상
         을 사랑하면 아버지의 사랑이 그 속에 있지 아니하니

딤전 6:8 우리가 먹을 것과 입을 것이 있은즉 족한 줄로 알 것이니라

잠 16:8   적은 소득이 의를 겸하면 많은 소득이 불의를 겸한 것보다 나
         으니라

엡 4:28   도적질하는 자는 다시 도적질하지 말고 돌이켜 빈궁한 자에게
         구제할 것이 있기 위하여 제 손으로 수고하여 선한 일을 하라

합 3:17   비록 무화과나무가 무성치 못하며 포도나무에 열매가 없으며
         감람나무에 소출이 없으며 밭에 식물이 없으며 우리에 양이
         없으며 외양간에 소가 없을지라도

합 3:18   나는 여호와를 인하여 즐거워하며 나의 구원의 하나님을 인하
         여 기뻐하리로다

기도해야 의인

살전 5:16 항상 기뻐하라

살전 5:17 쉬지 말고 기도하라

살전 5:25 형제들아 우리를 위하여 기도하라

살전 5:26 거룩하게 입맞춤으로 모든 형제에게 문안하라

나 1:7 여호와는 선하시며 환난 날에 산성이시라 그는 자기에게 의뢰하는 자들을 아시느니라

눅 22:40 그곳에 이르러 저희에게 이르시되 시험에 들지 않기를 기도하라 하시고

눅 22:46 이르시되 어찌하여 자느냐 시험에 들지 않게 일어나 기도하라 하시니라

벧전 4:6 이를 위하여 죽은 자들에게도 복음이 전파되었으니 이는 육체로는 사람처럼 심판을 받으나 영으로는 하나님처럼 살게 하려 함이니라

벧전 4:7 만물의 마지막이 가까왔으니 그러므로 너희는 정신을 차리고 근신하여 기도하라 저희가 산 자와 죽은 자 심판하기를 예비하신 자에게 직고하리라

골 4:2 　기도를 항상 힘쓰고 기도에 감사함으로 깨어 있으라

시 145:18 　**여호와께서는** 자기에게 간구하는 모든 자 **곧 진실하게 간구하**

　　　　는 모든 자에게 가까이 하시는도다

정직해야 의인

슥 8:15　이제 내가 예루살렘과 유다 족속에게 은혜를 베풀기로 뜻하였나니 너희는 두려워 말지니라

슥 8:16　너희가 행할 일은 이러하니라 너희는 각기 이웃으로 더불어 진실을 말하며 너희 성문에서 진실하고 화평한 재판을 베풀고

슥 8:17　심중에 서로 해하기를 도모하지 말며 거짓 맹세를 좋아하지 말라 이 모든 일은 나의 미워하는 것임이니라 나 여호와의 말이니라

시 140:13　진실로 의인이 주의 이름에 감사하며 정직한 자가 주의 앞에 거하리이다

마 5:8　마음이 청결한 자는 복이 있나니 저희가 하나님을 볼 것임이요

골 3:7　너희도 전에 그 가운데 살 때에는 그 가운데서 행하였으나

골 3:8　이제는 너희가 이 모든 것을 벗어 버리라 곧 분과 악의와 훼방과 너희 입의 부끄러운 말이라

골 3:9　너희가 서로 거짓말을 말라 옛사람과 그 행위를 벗어버리고

골 3:10　새 사람을 입었으니 이는 자기를 창조하신 자의 형상을 좇아 지식에까지 새롭게 하심을 받는 자니라

엡 4:25 　그런즉 거짓을 버리고 각각 그 이웃으로 더불어 참된 것을 말하라 이는 우리가 서로 지체가 됨이니라

비방하지 않아야 의인

행 23:5   바울이 가로되 형제들아 나는 그가 대제사장인 줄 알지 못하
였노라 기록하였으되 너의 백성의 관원을 비방치 말라 하였느
니라 하더라

출 22:28   너는 재판장을 욕하지 말며 백성의 유사를 저주하지 말지니라

고전 4:5   그러므로 때가 이르기 전 곧 주께서 오시기까지 아무 것도 판
단치 말라 그가 어두움에 감추인 것들을 드러내고 마음의 뜻
을 나타내시리니 그 때에 각 사람에게 하나님께로부터 칭찬이
있으리라

롬 2:1   그러므로 남을 판단하는 사람아 무론 누구든지 네가 핑계치
못할 것은 남을 판단하는 것으로 네가 너를 정죄함이니 판단
하는 네가 같은 일을 행함이니라

시 109:17   저가 저주하기를 좋아하더니 그것이 자기에게 임하고 축복하
기를 기뻐 아니하더니 복이 저를 멀리 떠났으며

약 1:26   누구든지 스스로 경건하다 생각하며 자기 혀를 재갈 먹이지
아니하고 자기 마음을 속이면 이 사람의 경건은 헛 것이라

회개해야 의인

렘 26:3	그들이 듣고 혹시 각각 그 악한 길에서 떠나리라 그리하면 내가 그들의 악행으로 인하여 재앙을 그들에게 내리려 하던 뜻을 돌이키리라

렘 26:13	그런즉 너희는 너희 길과 행위를 고치고 너희 하나님 여호와의 목소리를 청종하라 그리하면 여호와께서 너희에게 선고하신 재앙에 대하여 뜻을 돌이키시리라
렘 26:14	보라 나는 너희 손에 있으니 너희 소견에 선한 대로, 옳은 대로 하려니와

마 3:1	그 때에 세례 요한이 이르러 유대 광야에서 전파하여 가로되
마 3:2	회개하라 천국이 가까왔느니라 하였으니

마 3:7	요한이 많은 바리새인과 사두개인이 세례 베푸는데 오는 것을 보고 이르되 독사의 자식들아 누가 너희를 가르쳐 임박한 진노를 피하라 하더냐
마 3:8	그러므로 회개에 합당한 열매를 맺고
마 3:9	속으로 아브라함이 우리 조상이라고 생각지 말라 내가 너희에게 이르노니 하나님이 능히 이 돌들로도 아브라함의 자손이 되게 하시리라

마 4:17　　**이때부터** 예수께서 비로소 전파하여 가라사대 회개하라 천국
이 가까왔느니라 **하시더라**

겸손해야 의인

미 6:8 　사람아 주께서 선한 것이 무엇임을 네게 보이셨나니 여호와께서 네게 구하시는 것이 오직 공의를 행하며 인자를 사랑하며 겸손히 네 하나님과 함께 행하는 것이 아니냐

눅 16:15 　예수께서 이르시되 너희는 사람 앞에서 스스로 옳다 하는 자이나 너희 마음을 하나님께서 아시나니 사람 중에 높임을 받는 그것은 하나님 앞에 미움을 받는 것이니라

빌 2:3 　아무 일에든지 다툼이나 허영으로 하지 말고 오직 겸손한 마음으로 각각 자기보다 남을 낫게 여기고

벧전 5:3 　맡기운 자들에게 주장하는 자세를 하지 말고 오직 양 무리의 본이 되라

합 2:4 　보라 그의 마음은 교만하며 그의 속에서 정직하지 못하니라 그러나 의인은 그 믿음으로 말미암아 살리라

삼하 22:28 　주께서 곤고한 백성은 구원하시고 교만한 자를 살피사 낮추시리이다

행 12:22   백성들이 크게 부르되 이것은 신의 소리요 사람의 소리는 아니라 하거늘

행 12:23   헤롯이 영광을 하나님께로 돌리지 아니하는 고로 주의 사자가 곧 치니 충이 먹어 죽으니라

롬 12:16   서로 마음을 같이 하며 높은데 마음을 두지 말고 도리어 낮은데 처하며 스스로 지혜 있는 체 말라

남편에게 순종

딛 2:5 　근신하며 순전하며 집안 일을 하며 선하며 자기 남편에게 복
　　　종하게 하라 이는 하나님의 말씀이 훼방을 받지 않게 하려 함
　　　이니라

골 3:18 　아내들아 남편에게 복종하라 이는 주 안에서 마땅하니라

골 3:19 　남편들아 아내를 사랑하며 괴롭게 하지 말라

골 3:20 　자녀들아 모든 일에 부모에게 순종하라 이는 주 안에서 기쁘
　　　게 하는 것이니라

골 3:21 　아비들아 너희 자녀를 격노케 말지니 낙심할까 함이라

골 3:22 　종들아 모든 일에 육신의 상전들에게 순종하되 사람을 기쁘게
　　　하는 자와 같이 눈가림만 하지 말고 오직 주를 두려워하여 성
　　　실한 마음으로 하라

골 3:23 　무슨 일을 하든지 마음을 다하여 주께 하듯 하고 사람에게 하
　　　듯 하지 말라

골 3:24 　이는 유업의 상을 주께 받을 줄 앎이니 너희는 주 그리스도를
　　　섬기느니라

골 3:25 　불의를 행하는 자는 불의의 보응을 받으리니 주는 외모로 사
　　　람을 취하심이 없느니라

감사해야 의인

골 3:15   그리스도의 평강이 너희 마음을 주장하게 하라 평강을 위하여 너희가 한 몸으로 부르심을 받았나니 또한 너희는 감사하는 자가 되라

골 3:16   그리스도의 말씀이 너희 속에 풍성히 거하여 모든 지혜로 피차 가르치며 권면하고 시와 찬미와 신령한 노래를 부르며 마음에 감사함으로 하나님을 찬양하고

골 3:17   또 무엇을 하든지 말에나 일에나 다 주 예수의 이름으로 하고 그를 힘입어 하나님 아버지께 감사하라

살전 5:18   범사에 감사하라 이는 그리스도 예수 안에서 너희를 향하신 하나님의 뜻이니라

화내지 않아야 의인

엡 4:26   분을 내어도 죄를 짓지 말며 해가 지도록 분을 품지 말고

엡 4:27   마귀로 틈을 타지 못하게 하라

엡 4:29   무릇 더러운 말은 너희 입밖에도 내지 말고 오직 덕을 세우는 데 소용되는 대로 선한 말을 하여 듣는 자들에게 은혜를 끼치게 하라

엡 4:30   하나님의 성령을 근심하게 하지 말라 그 안에서 너희가 구속의 날까지 인치심을 받았느니라

엡 4:31   너희는 모든 악독과 노함과 분냄과 떠드는 것과 훼방하는 것을 모든 악의와 함께 버리고

공평하게 행해야 의인

시 82:1　(아삽의 시) 하나님이 하나님의 회 가운데 서시며 재판장들 중
　　　　에서 판단하시되

시 82:2　**너희가 불공평한 판단을 하며 악인의 낯 보기를 언제까지 하
　　　　려느냐(셀라)**

시 82:3　가난한 자와 고아를 위하여 판단하며 곤란한 자와 빈궁한 자
　　　　에게 공의를 베풀지며

시 82:4　가난한 자와 궁핍한 자를 구원하여 악인들의 손에서 건질지니
　　　　라 하시는도다

잠 21:3　의와 공평을 행하는 것은 제사 드리는 것보다 여호와께서 기
　　　　쁘게 여기시느니라

골 4:1　 상전들아 의와 공평을 종들에게 베풀지니 **너희에게도 하늘에
　　　　상전이 계심을 알지어다**

거룩해야 의인

살전 4:3   하나님의 뜻은 이것이니 너희의 거룩함이라 곧 음란을 버리고

살전 4:4   각각 거룩함과 존귀함으로 자기의 아내 취할 줄을 알고

살전 4:5   하나님을 모르는 이방인과 같이 색욕을 좇지 말고

살전 5:19   성령을 소멸치 말며

살전 5:20   예언을 멸시치 말고

살전 5:21   범사에 헤아려 좋은 것을 취하고

살전 5:22   악은 모든 모양이라도 버리라

술을 멀리해야 의인

롬 13:13 낮에와 같이 단정히 행하고 방탕과 술 취하지 말며 음란과 호
색하지 말며 쟁투와 시기하지 말고

고전 5:11 이제 내가 너희에게 쓴 것은 만일 어떤 형제라 일컫는 자가 음
행하거나 탐람하거나 우상 숭배를 하거나 후욕하거나 술 취하
거나 토색하거든 사귀지도 말고 그런 자와는 함께 먹지도 말
라 함이라

고전 6:10 도적이나 탐람하는 자나 술 취하는 자나 후욕하는 자나 토색
하는 자들은 하나님의 나라를 유업으로 받지 못하리라

갈 5:21 투기와 술 취함과 방탕함과 또 그와 같은 것들이라 전에 너희
에게 경계한 것같이 경계하노니 이런 일을 하는 자들은 하나
님의 나라를 유업으로 받지 못할 것이요

엡 5:18 술 취하지 말라 이는 방탕한 것이니 오직 성령의 충만을 받으라

벧전 4:3 너희가 음란과 정욕과 술취함과 방탕과 연락과 무법한 우상
숭배를 하여 이방인의 뜻을 좇아 행한 것이 지나간 때가 족하
도다

전도하고, 말씀을 가르쳐야 의인

딤후 4:1 하나님 앞과 산 자와 죽은 자를 심판하실 그리스도 예수 앞에서 그의 나타나실 것과 그의 나라를 두고 엄히 명하노니

딤후 4:2 너는 말씀을 전파하라 때를 얻든지 못 얻든지 항상 힘쓰라 범사에 오래 참음과 가르침으로 경책하며 경계하며 권하라

딤후 4:3 때가 이르리니 사람이 바른 교훈을 받지 아니하며 귀가 가려워서 자기의 사욕을 좇을 스승을 많이 두고

딤후 4:4 또 그 귀를 진리에서 돌이켜 허탄한 이야기를 좇으리라

딤후 4:5 그러나 너는 모든 일에 근신하여 고난을 받으며 전도인의 일을 하며 네 직무를 다하라

신 6:5 너는 마음을 다하고 성품을 다하고 힘을 다하여 네 하나님 여호와를 사랑하라

신 6:6 오늘날 내가 네게 명하는 이 말씀을 너는 마음에 새기고

신 6:7 네 자녀에게 부지런히 가르치며 집에 앉았을 때에든지 길에 행할 때에든지 누웠을 때에든지 일어날 때에든지 이 말씀을 강론할 것이며

내면의 아름다움을 추구해야 의인

출 33:5　여호와께서 모세에게 이르시기를 이스라엘 자손에게 이르라 너희는 목이 곧은 백성인즉 내가 순식간이라도 너희 중에 행하면 너희를 진멸하리니 너희는 단장품을 제하라 그리하면 내가 너희에게 어떻게 할 일을 알겠노라 하셨음이라

딤전 2:9　또 이와 같이 여자들도 아담한 옷을 입으며 염치와 정절로 자기를 단장하고 땋은 머리와 금이나 진주나 값진 옷으로 하지 말고

딤전 2:10　오직 선행으로 하기를 원하라 이것이 하나님을 공경한다 하는 자들에게 마땅한 것이니라

창 35:2　야곱이 이에 자기 집 사람과 자기와 함께 한 모든 자에게 이르되 너희 중의 이방 신상을 버리고 자신을 정결케 하고 의복을 바꾸라

창 35:3　우리가 일어나 벧엘로 올라가자 나의 환난날에 내게 응답하시며 나의 가는 길에서 나와 함께 하신 하나님께 내가 거기서 단을 쌓으려 하노라 하매

창 35:4　그들이 자기 손에 있는 모든 이방 신상과 자기 귀에 있는 고리를 야곱에게 주는지라 야곱이 그것들을 세겜 근처 상수리나무 아래 묻고

창 35:5　그들이 발행하였으나 하나님이 그 사면 고을들로 크게 두려워하게 하신 고로 야곱의 아들들을 추격하는 자가 없었더라

내 인생에서 가장 의로운 일

예수님께 심판 받을 때, 내 인생에서 가장 '의로웠던 일'을 묻는다면, 사기 피해자들을 도운 일을 말할 것 같다.

2019년 9월에 전화를 받았는데, '월 60만원 상당의 파워링크를 월 5만원에 제공'한다는 내용이었다. 부가적으로 다른 것도 무료로 준다고 하였으나, 그런 건 중요하지 않았다. 다만 3~7년치를 한번에 결제한다고 하여, 5년치 300만원을 결제했다. 참고로, 파워링크란 네이버에서 특정한 단어로 검색을 했을 때, 네이버 상단에 링크로 광고를 하는 것이다.

한 달 뒤에 파워링크를 제공하기 시작했는데, 그 키워드들은 다 합쳐도 월 3천 원도 안되는 파워링크였다. 해지를 요청하니 300만원 중에 290만원을 다 썼으니 10만 원만 돌려줄 수 있다고 하였다. 그 때 사기당한 걸 알게 됐다.

사기를 당하면 약 2주간 입맛도 없고, 잠도 잘 안 온다. 실수로 무엇을 잃어버리거나 도둑질당한 것과는 차원이 다르다. 그런데 사기꾼의 말을 사실로 들으면 누구나 속을 것이다. 피해자도 그 말에 속은 스스로가 바보 같은데, 주변에서는 오히려 피해자를 나무란다.

소비자보호원, 온라인광고중재위원회, 한국인터넷광고재단, 대한상사중재원, 카드 회사 등 내가 연락할 수 있는 모든 곳에 연락했으나, 어느 곳도 돕지 않았다. 결국 '경찰'에 고소를 진행했으나, 녹취가 없기에 혼자 고소한 것은 증거 부족 불기소로 결론이 났다.

한국인터넷광고재단에서 이 업체 이름을 검색했는데, 당시 83명이 문의를 올려놓았다. 나만 사기당했다면 똥 밟았거니 생각을 하겠는데, 나 외에도 사기를 많이 당했고, 앞으로도 이 업체가 사기칠 것을 생각하니 가만있을 수 없었다.

당시 통계자료를 보면 1년에 약 5천 명 가량 '광고사기'를 당했다고 문의를 한다(현재는 2만 명 가량). 이 말은 신고하지 않은 사람까지 합치면, 최소 2만 명 이상이 매년 광고 사기를 당한다는 뜻이다. 현재는 최소 8만명 이상 당할 것이다.

세상이 악한 줄은 알았지만, 이렇게 악한 사람이 많은 지는 처음 알았다. 만약 내가 사기를 당하지 않았다면, 하나님께서 세상을 코로나로 휩쓰신 이유가 궁금했을 것이다. 지금은 사람이 많이 악해서, 오래 참으시는 하나님께서 코로나를 보내신 것 같다.

이후에 온라인 광고 사기당한 사람들을 도왔다. 약 6개월간은 생업을 접고 400명 가량을 도왔고, 이후 3년간 1600명 가량은 소극적으로 돕고 있다.

그 과정에서 '허위사실 명예훼손'으로 6번 고소당했다. 5번은 무죄가 나왔으나, 1번은 경찰/검찰의 오해와 국선 변호사의 증거자료 미제출로 인해 집행유예 200만원이 나왔다. 나만 사기당한 것이라면 억울해도 넘어가겠는데, 관련된 소송건들이 많아 그냥 넘어갈 수 없어 항소했다. 고등법원에서는 다행히도 '무죄'가 됐다. 그리고 나에게 사기친 업체의 대표는 1심에서 징역 8개월에 집행유예 2년, 사회봉사활동 160시간이 나왔다.

경찰 조사와 재판은 정신적 스트레스가 많다. 매번 불려가야 하고, 증거 자료를 몇 시간씩 준비해가야 한다. 그렇다고 매번 변호사를 쓰기에는 부담스럽다. 다만, 명예훼손이야 유죄가 나와도 대부분 '벌금'인데, 바울이나 욥, 예수님은 신체적 고통을 받았기에 그에 비하면 새발의 피라는 생각이 들었다.

내가 그동안 해온 '의로운 일'을 본다면 대부분 남도 하는 일이다. 작게나마 꾸준히 불우이웃 돕기를 했고, 자식을 낳고 길러 하나님의 뜻을 이어받으려 했고, 더 옳게 살려고 율법을 지키려고 했다. 출판 사업을 통해 영어나 성경에 있어서 어려움을 겪는 분을 도우려고 했다.

하지만 불우이웃 돕기는 그 자체만으로 기분을 좋게 하고, 성경에 도운 것 이상으로 갚아주신다고 하였으니 돌려 받았을 것이다. 자식을 키우는 것은 그만큼 기쁨도 있고, 누구나 당연히 해야될 일이다. 출판 사업은 나에게 금전적 이득을 주었으니 그것으로 '돌려 받은 것'이다.

하지만 '사기당한 피해자를 도운 것'은 나에게 어떠한 이득이나 즐거움이 없는데, 정말 순수하게 남을 도운 것이다. 나의 시간과 돈을 들였고, 그에 대한 대가로 여러번 고소당하고, 일부 피해자들은 본인이 환불받기 위해 나에 대해 거짓으로 욕하기도 했다. 그렇기에 그나마 내 인생에서 의로운 일을 했다고 말할 수 있을 것 같다.

율법을 지키면 얻는 복 16

의롭게 살면 이 책에 소개된 대부분의 복을 받을 수 있다. 의롭게 사는 것은 하나님의 뜻대로 사는 것이고, 좁은 의미에서는 '율법'을 지키는 것이다.

율법을 지키면 어떤 복을 받고, 어기면 벌을 받는지. 이 방인도 율법을 지키는 게 옳은지 정리했다. 일부 내용은 앞서 나온 것들과 겹친다.

다만, 율법에 관한 구체적인 실천 방법은 넣지 않았다. 성경의 레위기/신명기를 보거나, 〈미츠보트 613〉을 추천한다.

율법을 지키는 것이 하나님 사랑이자 의로운 것

창 18:18   아브라함은 강대한 나라가 되고 천하 만민은 그를 인하여 복
을 받게 될 것이 아니냐

창 18:19   내가 그로 그 자식과 권속에게 명하여 여호와의 도를 지켜 의
와 공도를 행하게 하려고 그를 택하였나니 이는 나 여호와가
아브라함에게 대하여 말한 일을 이루려 함이니라

요일 5:2   우리가 하나님을 사랑하고 그의 계명들을 지킬 때에 이로써
우리가 하나님의 자녀 사랑하는 줄을 아느니라

요일 5:3   하나님을 사랑하는 것은 이것이니 우리가 그의 계명들을 지키
는 것이라 그의 계명들은 무거운 것이 아니로다

행 22:12   율법에 의하면 경건한 사람으로 거기 사는 모든 유대인들에게
칭찬을 듣는 아나니아라 하는 이가

눅 1:5   유대 왕 헤롯 때에 아비야 반열에 제사장 하나가 있으니 이름
은 사가랴요 그 아내는 아론의 자손이니 이름은 엘리사벳이라

눅 1:6   이 두 사람이 하나님 앞에 의인이니 주의 모든 계명과 규례대
로 흠이 없이 행하더라

행 21:20   저희가 듣고 하나님께 영광을 돌리고 바울더러 이르되 형제여

그대도 보는 바에 유대인 중에 믿는 자 수만명이 있으니 다 율법에 열심 있는 자라

행 25:8 　바울이 변명하여 가로되 유대인의 율법이나 성전이나 가이사에게나 내가 도무지 죄를 범하지 아니하였노라 하니

행 21:24 저희를 데리고 함께 결례를 행하고 저희를 위하여 비용을 내어 머리를 깎게 하라 그러면 모든 사람이 그대에게 대하여 들은 것이 헛된 것이고 그대도 율법을 지켜 행하는 줄로 알 것이라

행 21:25 주를 믿는 이방인에게는 우리가 우상의 제물과 피와 목매어 죽인 것과 음행을 피할 것을 결의하고 편지하였느니라 하니

행 21:26 바울이 이 사람들을 데리고 이튿날 저희와 함께 결례를 행하고 성전에 들어가서 각 사람을 위하여 제사 드릴 때까지의 결례의 만기 된 것을 고하니라

요이 1:4 너의 자녀 중에 우리가 아버지께 받은 계명대로 진리에 행하는 자를 내가 보니 심히 기쁘도다

② 율법을 지키면 모든 일이 잘 되고 풍족해진다

수 1:7　오직 너는 마음을 강하게 하고 극히 담대히 하여 나의 종 모세가 네게 명한 율법을 다 지켜 행하고 좌로나 우로나 치우치지 말라 그리하면 어디로 가든지 형통하리니

수 1:8　이 율법책을 네 입에서 떠나지 말게 하며 주야로 그것을 묵상하여 그 가운데 기록한 대로 다 지켜 행하라 그리하면 네 길이 평탄하게 될 것이라 네가 형통하리라

신 28:1　네가 네 하나님 여호와의 말씀을 삼가 듣고 내가 오늘날 네게 명하는 그 모든 명령을 지켜 행하면 네 하나님 여호와께서 너를 세계 모든 민족 위에 뛰어나게 하실 것이라

신 28:2　네가 네 하나님 여호와의 말씀을 순종하면 이 모든 복이 네게 임하며 네게 미치리니

신 28:3　성읍에서도 복을 받고 들에서도 복을 받을 것이며

신 28:4　네 몸의 소생과 네 토지의 소산과 네 짐승의 새끼와 우양의 새끼가 복을 받을 것이며

신 28:5　네 광주리와 떡반죽 그릇이 복을 받을 것이며

신 28:6　네가 들어와도 복을 받고 나가도 복을 받을 것이니라

신 28:7　네 대적들이 일어나 너를 치려하면 여호와께서 그들을 네 앞에서 패하게 하시리니 그들이 한 길로 너를 치러 들어왔으나 네 앞에서 일곱 길로 도망하리라

신 28:8 여호와께서 명하사 네 창고와 네 손으로 하는 모든 일에 복을 내리시고 네 하나님 여호와께서 네게 주시는 땅에서 네게 복을 주실 것이며

신 28:9 네가 네 하나님 여호와의 명령을 지켜 그 길로 행하면 여호와께서 네게 맹세하신 대로 너를 세워 자기의 성민이 되게 하시리니

신 28:10 너를 여호와의 이름으로 일컬음을 세계 만민이 보고 너를 두려워 하리라

신 28:11 여호와께서 네게 주리라고 네 열조에게 맹세하신 땅에서 네게 복을 주사 네 몸의 소생과 육축의 새끼와 토지의 소산으로 많게 하시며

신 28:12 여호와께서 너를 위하여 하늘의 아름다운 보고를 열으사 네 땅에 때를 따라 비를 내리시고 네 손으로 하는 모든 일에 복을 주시리니 네가 많은 민족에게 꾸어줄지라도 너는 꾸지 아니할 것이요

신 28:13 여호와께서 너로 머리가 되고 꼬리가 되지 않게 하시며 위에만 있고 아래에 있지 않게 하시리니 오직 너는 내가 오늘날 네게 명하는 네 하나님 여호와의 명령을 듣고 지켜 행하며

신 28:14 내가 오늘날 너희에게 명하는 그 말씀을 떠나 좌로나 우로나 치우치지 아니하고 다른 신을 따라 섬기지 아니하면 이와 같으리라

신 26:17 네가 오늘날 여호와를 네 하나님으로 인정하고 또 그 도를 행하고 그 규례와 명령과 법도를 지키며 그 소리를 들으리라 확언하였고

신 26:18 여호와께서도 네게 말씀하신 대로 오늘날 너를 자기의 보배로운 백성으로 인정하시고 또 그 모든 명령을 지키게 하리라 확언하셨은즉

신 26:19 여호와께서 너의 칭찬과 명예와 영광으로 그 지으신 모든 민족 위에 뛰어나게 하시고 그 말씀하신 대로 너로 네 하나님 여호와의 성민이 되게 하시리라

신 29:9 그런즉 너희는 이 언약의 말씀을 지켜 행하라 그리하면 너희의 하는 모든 일이 형통하리라

신 30:9 네가 네 하나님 여호와의 말씀을 순종하여 이 율법 책에 기록된 그 명령과 규례를 지키고 네 마음을 다하며 성품을 다하여 여호와 네 하나님께 돌아오면 네 하나님 여호와께서 네 손으로 하는 모든 일과 네 몸의 소생과 네 육축의 새끼와 네 토지 소산을 많게 하시고 네게 복을 주시되 곧 여호와께서 네 열조를 기뻐하신 것과 같이 너를 다시 기뻐하사 네게 복을 주시리라

레 26:3 너희가 나의 규례와 계명을 준행하면

레 26:4 내가 너희 비를 그 시후에 주리니 땅은 그 산물을 내고 밭의 수목은 열매를 맺을지라

레 26:5 너희의 타작은 포도 딸 때까지 미치며 너희의 포도 따는 것은 파종할 때까지 미치리니 너희가 음식을 배불리 먹고 너희 땅에 안전히 거하리라

레 26:6 내가 그 땅에 평화를 줄 것인즉 너희가 누우나 너희를 두렵게 할 자가 없을 것이며 내가 사나운 짐승을 그 땅에서 제할 것이요 칼이 너희 땅에 두루 행하지 아니할 것이며

레 26:7 너희가 대적을 쫓으리니 그들이 너희 앞에서 칼에 엎드러질 것이라

레 26:8 너희 다섯이 백을 쫓고 너희 백이 만을 쫓으리니 너희 대적들이 너희 앞에서 칼에 엎드러질 것이며

레 26:9 내가 너희를 권고하여 나의 너희와 세운 언약을 이행하여 너희로 번성케 하고 너희로 창대케 할 것이며

레 26:10 너희는 오래 두었던 묵은 곡식을 먹다가 새 곡식을 인하여 묵은 곡식을 치우게 될 것이며

레 26:11 내가 내 장막을 너희 중에 세우리니 내 마음이 너희를 싫어하지 아니할 것이며

레 26:12 나는 너희 중에 행하여 너희 하나님이 되고 너희는 나의 백성

이 될 것이니라

신 11:13 내가 오늘날 너희에게 명하는 나의 명령을 너희가 만일 청종
하고 너희의 하나님 여호와를 사랑하여 마음을 다하고 성품을
다하여 섬기면

신 11:14 여호와께서 너희 땅에 이른비, 늦은비를 적당한 때에 내리시
리니 너희가 곡식과 포도주와 기름을 얻을 것이요

신 11:15 또 육축을 위하여 들에 풀이 나게 하시리니 네가 먹고 배부를
것이라

신 15:4 네가 만일 네 하나님 여호와의 말씀만 듣고 내가 오늘날 네게
명하는 그 명령을 다 지켜 행하면 네 하나님 여호와께서 네게
유업으로 주신 땅에서 네가 정녕 복을 받으리니 너희 중에 가
난한 자가 없으리라

신 15:5 (4절에 포함되어 있음)

신 15:6 네 하나님 여호와께서 네게 허락하신 대로 네게 복을 주시리
니 네가 여러 나라에 꾸어 줄지라도 너는 꾸지 아니하겠고 네
가 여러 나라를 치리할지라도 너는 치리함을 받지 아니하리라

왕상 2:3 네 하나님 여호와의 명을 지켜 그 길로 행하여 그 법률과 계명

과 율례와 증거를 모세의 율법에 기록된 대로 지키라 그리하
면 네가 무릇 무엇을 하든지 어디로 가든지 형통할지라

시 1:1 복 있는 사람은 악인의 꾀를 좇지 아니하며 죄인의 길에 서지
아니하며 오만한 자의 자리에 앉지 아니하고

시 1:2 오직 여호와의 율법을 즐거워하여 그 율법을 주야로 묵상하는
자로다

시 1:3 저는 시냇가에 심은 나무가 시절을 좇아 과실을 맺으며 그 잎
사귀가 마르지 아니함 같으니 그 행사가 다 형통하리로다

시 81:13 내 백성이 나를 청종하며 이스라엘이 내 도 행하기를 원하노라

시 81:14 그리하면 내가 속히 저희 원수를 제어하며 내 손을 돌려 저희
대적을 치리니

시 81:15 여호와를 한하는 자는 저에게 복종하는 체할지라도 저희 시대
는 영원히 계속하리라

시 81:16 내가 또 밀의 아름다운 것으로 저희에게 먹이며 반석에서 나
오는 꿀로 너를 만족케 하리라 하셨도다

시 119:1 행위 완전하여 여호와의 법에 행하는 자가 복이 있음이여

시 119:2 여호와의 증거를 지키고 전심으로 여호와를 구하는 자가 복이

있도다

시 119:3   실로 저희는 불의를 행치 아니하고 주의 도를 행하는도다

시 119:4   주께서 주의 법도로 명하사 우리로 근실히 지키게 하셨나이다

시 119:5   내 길을 굳이 정하사 주의 율례를 지키게 하소서

시 119:6   내가 주의 모든 계명에 주의할 때에는 부끄럽지 아니하리이다

시 119:165 주의 법을 사랑하는 자에게는 큰 평안이 있으니 저희에게 장
           애물이 없으리이다

왕하 18:6 곧 저가 여호와께 연합하여 떠나지 아니하고 여호와께서 모세
           에게 명하신 계명을 지켰더라

왕하 18:7 여호와께서 저와 함께 하시매 저가 어디로 가든지 형통하였더
           라 저가 앗수르 왕을 배척하고 섬기지 아니하였고

율법을 지키면 건강해지고 목숨을 구한다

레 18:5 너희는 나의 규례와 법도를 지키라 사람이 이를 행하면 그로
인하여 살리라 나는 여호와니라

겔 33:13 가령 내가 의인에게 말하기를 너는 살리라 하였다 하자 그가
그 의를 스스로 믿고 죄악을 행하면 그 모든 의로운 행위가 하
나도 기억되지 아니하리니 그가 그 지은 죄악 중 곧 그 중에서
죽으리라

겔 33:14 가령 내가 악인에게 말하기를 너는 죽으리라 하였다 하자 그
가 돌이켜 자기의 죄에서 떠나서 법과 의대로 행하여

겔 33:15 전당물을 도로 주며 억탈물을 돌려 보내고 생명의 율례를 준
행하여 다시는 죄악을 짓지 아니하면 그가 정녕 살고 죽지 않
을지라

겔 33:16 그의 본래 범한 모든 죄가 기억되지 아니하리니 그가 정녕 살
리라 이는 법과 의를 행하였음이니라 하라

겔 33:17 그래도 네 민족은 말하기를 주의 길이 공평치 않다 하는도다
그러나 실상은 그들의 길이 공평치 아니하니라

겔 33:18 만일 의인이 돌이켜 그 의에서 떠나 죄악을 지으면 그가 그 가
운데서 죽을 것이고

겔 33:19 만일 악인이 돌이켜 그 악에서 떠나 법과 의대로 행하면 그가
그로 인하여 살리라

출 15:2   가라사대 너희가 너희 하나님 나 여호와의 말을 청종하고 나의
보기에 의를 행하며 내 계명에 귀를 기울이며 내 모든 규례를
지키면 내가 애굽 사람에게 내린 모든 질병의 하나도 너희에게
내리지 아니하리니 나는 너희를 치료하는 여호와임이니라

신 7:12   너희가 이 모든 법도를 듣고 지켜 행하면 네 하나님 여호와께
서 네 열조에게 맹세하신 언약을 지켜 네게 인애를 베푸실 것
이라

신 7:13   곧 너를 사랑하시고 복을 주사 너로 번성케 하시되 네게 주리
라고 네 열조에게 맹세하신 땅에서 네 소생에게 은혜를 베푸
시며 네 토지 소산과 곡식과 포도주와 기름을 풍성케 하시고
네 소와 양을 번식케 하시리니

신 7:14   네가 복을 받음이 만민보다 우승하여 너희 중의 남녀와 너희
짐승의 암수에 생육하지 못함이 없을 것이며

신 7:15   여호와께서 또 모든 질병을 네게서 멀리하사 너희가 아는바
그 애굽의 악질이 네게 임하지 않게 하시고 너를 미워하는 모
든 자에게 임하게 하실 것이라

4 율법을 어기면 벌을 받는다

레 5:17 만일 누구든지 여호와의 금령중 하나를 부지중에 범하여도 허물이라 벌을 당할 것이니

민 14:18 여호와는 노하기를 더디하고 인자가 많아 죄악과 과실을 사하나 형벌 받을 자는 결단코 사하지 아니하고 아비의 죄악을 자식에게 갚아 삼사대까지 이르게 하리라 **하셨나이다**

민 14:19 구하옵나니 주의 인자의 광대하심을 따라 이 백성의 죄악을 사하시되 애굽에서부터 지금까지 이 백성을 사하신 것같이 사하옵소서

신 28:47 네가 모든 것이 풍족하여도 기쁨과 즐거운 마음으로 네 하나님 여호와를 섬기지 아니함을 인하여

신 28:48 네가 주리고 목마르고 헐벗고 모든 것이 핍절한 중에서 여호와께서 보내사 너를 치게 하실 대적을 섬기게 될 것이니 그가 철 멍에를 네 목에 메워서 필경 너를 멸할 것이라

말 2:8 너희는 정도에서 떠나 많은 사람으로 율법에 거치게 하도다 나 만군의 여호와가 이르노니 너희가 레위의 언약을 파하였느니라

말 2:9 너희가 내 도를 지키지 아니하고 율법을 행할 때에 사람에게 편벽되이 하였으므로 나도 너희로 모든 백성 앞에 멸시와 천대를 당하게 하였느니라 하시니라

렘 9:12	지혜가 있어서 이 일을 깨달을만한 자가 누구며 여호와의 입의 말씀을 받아서 광포할 자가 누구인고 이 땅이 어찌하여 멸망하여 광야 같이 타서 지나는 자가 없게 되었느뇨
렘 9:13	여호와께서 말씀하시되 이는 그들이 내가 그들의 앞에 세운 나의 법을 버리고 내 목소리를 청종치 아니하며 그대로 행치 아니하고
렘 9:14	그 마음의 강퍅함을 따라 그 열조가 자기에게 가르친 바알들을 좇았음이라

겔 5:6	그가 내 규례를 거스려서 이방인보다 악을 더 행하며 내 율례도 그리함이 그 둘러 있는 열방보다 더하니 이는 그들이 내 규례를 버리고 내 율례를 행치 아니하였음이니라
겔 5:7	그러므로 나 주 여호와가 말하노라 너희 요란함이 너희를 둘러 있는 이방인 보다 더하여 내 율례를 행치 아니하며 내 규례를 지키지 아니하고 너희를 둘러 있는 이방인의 규례대로도 행치 아니하였느니라
겔 5:8	그러므로 나 주 여호와가 말하노라 나 곧 내가 너를 치며 이방인의 목전에서 너의 중에 벌을 내리되
겔 5:9	네 모든 가증한 일로 인하여 내가 전무후무하게 네게 내릴지라
겔 5:10	그리한즉 너의 중에서 아비가 아들을 먹고 아들이 그 아비를

먹으리라 내가 벌을 네게 내리고 너의 중에 남은 자를 다 사방에 흩으리라

암 2:4 여호와께서 가라사대 유다의 서너가지 죄로 인하여 내가 그 벌을 돌이키지 아니하리니 이는 저희가 여호와의 율법을 멸시하며 그 율례를 지키지 아니하고 그 열조의 따라가던 거짓 것에 미혹하였음이라

히 8:9 또 주께서 가라사대 내가 저희 열조들의 손을 잡고 애굽 땅에서 인도하여 내던 날에 저희와 세운 언약과 같지 아니하도다 저희는 내 언약 안에 머물러 있지 아니하므로 내가 저희를 돌아보지 아니하였노라

렘 32:23 그들이 들어가서 이를 차지하였거늘 주의 목소리를 청종치 아니하며 주의 도에 행치 아니하며 무릇 주께서 행하라 명하신 일을 행치 아니하였으므로 주께서 이 모든 재앙을 그들에게 내리셨나이다

왕하 22:12 왕이 제사장 힐기야와 사반의 아들 아히감과 미가야의 아들 악볼과 서기관 사반과 왕의 시신 아사야에게 명하여 가로되

왕하 22:13　너희는 가서 나와 백성과 온 유다를 위하여 이 발견한 책의 말씀에 대하여 여호와께 물으라 우리 열조가 이 책의 말씀을 듣지 아니하며 이 책에 우리를 위하여 기록된 모든 것을 준행치 아니하였으므로 여호와께서 우리에게 발하신 진노가 크도다

대하 19:9　저희에게 명하여 가로되 너희는 여호와를 경외하고 충의와 성심으로 이 일을 행하라

대하 19:10　무릇 어느 성읍에 거한 너희 형제가 혹 피를 흘림이나 혹 율법이나 계명이나 율례나 규례를 인하여 너희에게 와서 송사하거든 저희를 경계하여 여호와께 죄를 얻지 않게 하여 너희와 너희 형제에게 진노하심이 임하지 말게 하라 너희가 이렇게 행하면 죄가 없으리라

눅 12:46　생각지 않은 날 알지 못하는 시간에 이 종의 주인이 이르러 엄히 때리고 신실치 아니한 자의 받는 율에 처하리니

눅 12:47　주인의 뜻을 알고도 예비치 아니하고 그 뜻대로 행치 아니한 종은 많이 맞을 것이요

눅 12:48　알지 못하고 맞을 일을 행한 종은 적게 맞으리라 무릇 많이 받은 자에게는 많이 찾을 것이요 많이 맡은 자에게는 많이 달라 할 것이니라

이방인도 율법을 지켜야 할까?

민 15:14   너희 중에 우거하는 타국인이나 너희 중에 대대로 있는 자가 누구든지 여호와께 향기로운 화제를 드릴 때에는 너희 하는 대로 그도 그리할 것이라

민 15:15   회중 곧 너희나 우거하는 타국인이나 한 율례니 너희의 대대로 영원한 율례라 너희의 어떠한 대로 타국인도 여호와 앞에 그러하리라

민 15:16   너희나 너희 중에 우거하는 타국인이나 한 법도, 한 규례니라

롬 2:13   하나님 앞에서는 율법을 듣는 자가 의인이 아니요 오직 율법을 행하는 자라야 의롭다 하심을 얻으리니

롬 2:14   (율법 없는 이방인이 본성으로 율법의 일을 행할 때는 이 사람은 율법이 없어도 자기가 자기에게 율법이 되나니

롬 2:15   이런 이들은 그 양심이 증거가 되어 그 생각들이 서로 혹은 송사하며 혹은 변명하여 그 마음에 새긴 율법의 행위를 나타내느니라)

레 16:29   너희는 영원히 이 규례를 지킬지니라 칠월 곧 그 달 십일에 너희는 스스로 괴롭게 하고 아무 일도 하지 말되 본토인이든지 너희 중에 우거하는 객이든지 그리하라

레 17:8 너는 또 그들에게 이르라 무릇 이스라엘 집 사람이나 혹시 그 들 중에 우거하는 타국인이 번제나 희생을 드리되

레 17:9 회막문으로 가져다가 여호와께 드리지 아니하면 그는 백성 중 에서 끊쳐지리라

레 17:10 무릇 이스라엘 집 사람이나 그들 중에 우거하는 타국인 중에 어떤 피든지 먹는 자가 있으면 내가 그 피 먹는 사람에게 진노 하여 그를 백성 중에서 끊으리니

레 17:11 육체의 생명은 피에 있음이라 내가 이 피를 너희에게 주어 단 에 뿌려 너희의 생명을 위하여 속하게 하였나니 생명이 피에 있으므로 피가 죄를 속하느니라

레 17:12 그러므로 내가 이스라엘 자손에게 말하기를 너희 중에 아무도 피를 먹지 말며 너희 중에 우거하는 타국인이라도 피를 먹지 말라 하였나니

레 17:13 무릇 이스라엘 자손이나 그들 중에 우거하는 타국인이 먹을만 한 짐승이나 새를 사냥하여 잡거든 그 피를 흘리고 흙으로 덮 을지니라

레 17:14 모든 생물은 그 피가 생명과 일체라 그러므로 내가 이스라엘 자손에게 이르기를 너희는 어느 육체의 피든지 먹지 말라 하 였나니 모든 육체의 생명은 그 피인즉 무릇 피를 먹는 자는 끊 쳐지리라

민 9:14   만일 타국인이 너희 중에 우거하여 여호와 앞에 유월절을 지키고자 하면 유월절 율례대로 그 규례를 따라서 행할지니 우거한 자에게나 본토인에게나 그 율례는 동일할 것이니라

민 15:29   이스라엘 자손 중 본토 소생이든지 그들 중에 우거하는 타국인이든지 무릇 그릇 범죄한 자에게 대한 법이 동일하거니와

신 29:14   내가 이 언약과 맹세를 너희에게만 세우는 것이 아니라
신 29:15   오늘날 우리 하나님 여호와 앞에서 우리와 함께 여기 선 자와 오늘날 우리와 함께 여기 있지 아니한 자에게까지니

룻 2:12   여호와께서 네 행한 일을 보응하시기를 원하며 이스라엘의 하나님 여호와께서 그 날개 아래 보호를 받으러 온 네게 온전한 상 주시기를 원하노라

욘 4:10   여호와께서 가라사대 네가 수고도 아니하였고 배양도 아니하였고 하룻밤에 났다가 하룻밤에 망한 이 박 넝쿨을 네가 아꼈거든
욘 4:11   하물며 이 큰 성읍, 니느웨에는 좌우를 분변치 못하는 자가 십이만 여명이요 육축도 많이 있나니 내가 아끼는 것이 어찌 합당치 아니하냐

창 18:20　여호와께서 또 가라사대 소돔과 고모라에 대한 부르짖음이 크
　　　　　고 그 죄악이 심히 중하니

창 18:21　내가 이제 내려가서 그 모든 행한 것이 과연 내게 들린 부르짖
　　　　　음과 같은지 그렇지 않은지 내가 보고 알려하노라

슥 14:16　예루살렘을 치러 왔던 열국 중에 남은 자가 해마다 올라와서
　　　　　그 왕 만군의 여호와께 숭배하며 초막절을 지킬 것이라

슥 14:17　천하 만국 중에 그 왕 만군의 여호와께 숭배하러 예루살렘에
　　　　　올라 오지 아니하는 자에게는 비를 내리지 아니하실 것인즉

슥 14:18　만일 애굽 족속이 올라 오지 아니할 때에는 창일함이 있지 아
　　　　　니 하리니 여호와께서 초막절을 지키러 올라오지 아니하는 열
　　　　　국 사람을 치시는 재앙을 그에게 내리실 것이라

슥 14:19　애굽 사람이나 열국 사람이나 초막절을 지키러 올라오지 아니
　　　　　하는 자의 받을 벌이 이러하니라

행 13:26　형제들 아브라함의 후예와 너희 중 하나님을 경외하는 (이방)
　　　　　사람들아 이 구원의 말씀을 우리에게 보내셨거늘

마 8:11　또 너희에게 이르노니 동서로부터 많은 사람이 이르러 아브라
　　　　　함과 이삭과 야곱과 함께 천국에 앉으려니와

롬 16:26 이제는 나타내신 바 되었으며 영원하신 하나님의 명을 좇아 선지자들의 글로 말미암아 모든 민족으로 믿어 순종케 하시려고 알게 하신바 그 비밀의 계시를 좇아 된 것이니 이 복음으로 너희를 능히 견고케 하실

롬 16:27 지혜로우신 하나님께 예수 그리스도로 말미암아 영광이 세세 무궁토록 있을지어다 아멘

겔 47:22 너희는 이 땅을 나누되 제비 뽑아 너희와 너희 가운데 우거하는 외인 곧 너희 가운데서 자녀를 낳은 자의 기업이 되게 할지니 너희는 그 외인을 본토에서 난 이스라엘 족속 같이 여기고 그들로 이스라엘 지파 중에서 너희와 함께 기업을 얻게 하되

롬 15:12 또 이사야가 가로되 이새의 뿌리 곧 열방을 다스리기 위하여 일어나시는 이가 있으리니 열방이 그에게 소망을 두리라 하였느니라

롬 15:16 이 은혜는 곧 나로 이방인을 위하여 그리스도 예수의 일군이 되어 하나님의 복음의 제사장 직무를 하게 하사 이방인을 제물로 드리는 그것이 성령 안에서 거룩하게 되어 받으심직하게 하려 하심이라

레 18:27   너희의 전에 있던 그 땅 거민이 이 모든 가증한 일을 행하였고
그 땅도 더러워졌느니라

레 18:28   **너희도 더럽히면 그 땅이** 너희 있기 전 거민을 토함 같이 **너희
를 토할까 하노라**

레 18:29   무릇 이 가증한 일을 하나라도 행하는 자는 그 백성 중에서 끊
쳐지리라

신약에서 말하는 율법

요 17:6　세상 중에서 내게 주신 사람들에게 내가 아버지의 이름을 나타내었나이다 저희는 아버지의 것이었는데 내게 주셨으며 저희는 아버지의 말씀을 지키었나이다

요 17:7　지금 저희는 아버지께서 내게 주신 것이 다 아버지께로서 온 것인 줄 알았나이다

마 24:20　너희의 도망하는 일이 겨울에나 안식일에 되지 않도록 기도하라

눅 1:5　유대 왕 헤롯 때에 아비야 반열에 제사장 하나가 있으니 이름은 사가랴요 그 아내는 아론의 자손이니 이름은 엘리사벳이라

눅 1:6　이 두 사람이 하나님 앞에 의인이니 주의 모든 계명과 규례대로 흠이 없이 행하더라

요 5:46　모세를 믿었더면 또 나를 믿었으리니 이는 그가 내게 대하여 기록하였음이라

요 5:47　그러나 그의 글도 믿지 아니하거든 어찌 내 말을 믿겠느냐 하시니라

요이 1:4　너의 자녀 중에 우리가 아버지께 받은 계명대로 진리에 행하는 자를 내가 보니 심히 기쁘도다

고전 7:19　할례 받는 것도 아무 것도 아니요 할례 받지 아니하는 것도 아무 것도 아니로되 오직 하나님의 계명을 지킬 따름이니라

계 12:17　용이 여자에게 분노하여 돌아가서 그 여자의 남은 자손 곧 하나님의 계명을 지키며 예수의 증거를 가진 자들로 더불어 싸우려고 바다 모래 위에 섰더라

계 14:12　성도들의 인내가 여기 있나니 저희는 하나님의 계명과 예수 믿음을 지키는 자니라

막 1:44　가라사대 삼가 아무에게 아무 말도 하지 말고 가서 네 몸을 제사장에게 보이고 네 깨끗게 됨을 인하여 모세의 명한 것을 드려 저희에게 증거하라 하셨더니

빌 3:6　열심으로는 교회를 핍박하고 율법의 의로는 흠이 없는 자로라

행 25:8　바울이 변명하여 가로되 유대인의 율법이나 성전이나 가이사에게나 내가 도무지 죄를 범하지 아니하였노라 하니

롬 13:8　피차 사랑의 빚 외에는 아무에게든지 아무 빚도 지지 말라 남

을 사랑하는 자는 율법을 다 이루었느니라

행 24:14 그러나 이것을 당신께 고백하리이다 나는 저희가 이단이라 하는 도를 좇아 조상의 하나님을 섬기고 율법과 및 선지자들의 글에 기록된 것을 다 믿으며

행 24:15 저희의 기다리는바 하나님께 향한 소망을 나도 가졌으니 곧 의인과 악인의 부활이 있으리라 함이라

행 24:16 이것을 인하여 나도 하나님과 사람을 대하여 항상 양심에 거리낌이 없기를 힘쓰노라

이방인이 율법을 지키기 더 어려운 이유

카니발을 타고 용인쪽에 가는데, 차가 많이 밀렸다. 5~10km 를 가는데 30분이 넘게 걸렸다. 왼쪽에는 뻥 뚫린 공간이 있었는데 '버스 전용 차로'였다. 내가 탄 카니발은 11인승이라서, '6명 이상' 탔을 때 버스전용차로를 달릴 수 있다. 그런데 당시에 3명이 타고 있어서 30분을 소비하며 일반 도로로 달렸다.

그런데 왼쪽에서 카니발이 달릴 때면, '어차피 단속도 안 할 텐데 나도 갈까?'싶은 유혹에 빠졌다. 그 카니발에도 대부분 6명 이상 타지 않았을 것이다. 아마 20대 중 한 대나 6명 이상 탔을 것이다.

법을 안 지키는 사람이 많아서 더 지키고 싶지 않았다. 시간을 버리는 것도, 연료를 버리는 것도 아까웠다. 버스 전용 차로면 3분이면 충분히 갈 수 있을 것이다. 그런데 나는 바보같이 일반 도로를 달렸다.

이스라엘 사회에서보다 이방 사회에서는 성경 말씀을 지키기 더 어렵다. '먹는 것'조차 제대로 지키기 어렵다. 예를 들어, 회사에서 회식을 하면 빠지기 어렵다. 그런데 회식에서 삼겹살을 먹으면 돼지고기라 못 먹는다. 밥에 국만 있으면 먹을만 하니 된장찌개를 보면, 된장찌개에 '조개'가 들어가는 경우도 많다. 결국 밥에 고추만 먹어야 한다. 게다가 주변에서는 그런 모습을 '재수 없다'고 여기곤 한다.

성경에서 '먹는 것'에 대한 계명은 십계명보다 하위 계명이다. 그걸 어긴다고 죽지는 않고, 다만 부정해지는 결과로 병을 얻을 수는 있을 것이다. 실제로 성경에서 먹지 말라고 하는 음식들이 과학적으로도 건강에 좋지 않은 경우들이 많다. 율법을 지키면 하나님께 좋은 게 아니라 사람에게 좋은 것이다.

이방 사회에서 얼마나 율법을 지키기 어려운 지 알기에, 하나님께서는 '피, 목매어 죽인 것, 음행, 우상'으로 줄여주셨다.

행 15:29   우상의 제물과 피와 목매어 죽인 것과 음행을 멀리 할 지니라 이에 스스로 삼가면 잘 되리라 평안함을 원하노라 하였더라

이 네 가지를 지키면 인생이 잘 될 것이라 했기에, 이것만이라도 지키면 인생에서 큰 어려움이 없어야 한다. 반대로 말하

면 이것을 지키지 않는다면 인생이 잘 되지 않을 것이다.

우상의 제물에 대하여는 우상을 섬기는 것과 제물을 바치는 것, 그리고 제물을 먹는 것을 포함한다고 생각한다. 넓은 의미로는 살아 있는 것에 대한 동물의 형상(인형 등)을 포함한다. 식물에 대해서는, 식물을 섬기는 일은 잘 없는데다가, 성경에서 하나님께서 석류 등으로 성전을 꾸미기도 하셨기 때문에 식물에 대해서는 확실히 모르겠다.

피에 대해서는 좁은 의미로는 '피를 먹지 않는 것'이다. 넓은 의미로는 폭력을 휘둘러 남의 피를 흘리게 하는 것, 여자가 피를 흘리는 생리 기간에 성관계를 하지 않는 것도 포함이 된다고 생각한다.

창 9:4   그러나 고기를 그 생명 되는 피채 먹지 말 것이니라

창 9:5   내가 반드시 너희 피 곧 너희 생명의 피를 찾으리니 짐승이면 그 짐승에게서, 사람이나 사람의 형제면 그에게서 그의 생명을 찾으리라

창 9:6   무릇 사람의 피를 흘리면 사람이 그 피를 흘릴 것이니 이는 하나님이 자기 형상대로 사람을 지었음이니라

그리고 목매어 죽인 것은 '저주받은 것'이므로 먹지 말아야 한다. 예전에 개를 그렇게 죽였으나, 현재는 개를 잘 먹지도 않고 그렇게 죽이는 경우가 잘 없다.

마지막으로 음행은, 좁은 의미로는 배우자가 있는데 다른 사람과 성관계를 하거나, 동성연애를 하는 것을 의미한다. 넓은 의미로는 자녀를 낳지 않기 위해 피임을 하거나, 결혼을 전제로 하지 않은 성관계를 포함한다고 생각한다. 더 넓은 의미로는 자위행위도 음행에 포함될 수 있다.

4가지. 즉, 우상, 피, 목매어 죽인 것, 음행을 지키려고 하는 종교가 '여호와의 증인'이다. 이 4가지를 지키면 인생이 잘되리라고 했기에, 여호와의 증인의 인생이 일반 기독교의 인생보다는 잘 될 확률이 높다고 생각한다. 그리고 천국에 갈 확률도 높다고 생각한다.

다만, 더 의롭게, 더 복 받고 살고 싶다면, 저 4가지 외에 다른 율법도 지키는 것이 옳다.

사 66:16 　여호와께서 불과 칼로 모든 혈육에게 심판을 베푸신
　　　　　즉 여호와께 살륙당할 자가 많으리니

사 66:17　스스로 거룩히 구별하며 스스로 정결케 하고 동산에

　　　　　들어가서 그 가운데 있는 자를 따라 돼지 고기와 가증

　　　　　한 물건과 쥐를 먹는 자가 다 함께 망하리라 여호와의

　　　　　말씀이니라

'안식일'만이라도 지키면 높은 곳에 올려주신다고 하셨는데, 보통 명예에는 돈이 따라오는 경우도 많다. 그래서 혼자서 안식일을 지키기 어렵다면 '제7일 안식일 교회'나 메시아닉쥬 (제자 공동체)를 다니는 것도 좋다고 생각한다.

이 책과 관련된 유튜브 강의와 오프라인 모임을 할 예정이다. 나는 특정 종교에 속해 있지 않았다. 다만 각 종교가 얼마나 하나님 말씀을 실천하는 데에 열심인지를 보고, 그 안에 있는 사람들의 천국에 갈 확률을 다른 종교와 비교해 보곤 한다.

유튜브 강의: youtube.com/@mikehwang

오프라인 모임: 기복.com (cafe.naver.com/gibok)

죄와 벌의 관계

'죄'를 짓고 벌을 받는 것은 기복신앙과 반대되는 것이다. 하지만 사람은 죄를 지을 수밖에 없다. 그래서 '왜' 죄를 짓고, '어떻게' 용서 받는지를 알면 도움이 될 것 같아 수록했다.

죄짓는 이유

호 5:4　저희의 행위가 저희로 자기 하나님에게 돌아가지 못하게 하나
　　　　니 이는 음란한 마음이 그 속에 있어 여호와를 알지 못하는 까
　　　　닭이라

호 13:6　저희가 먹이운 대로 배부르며 배부름으로 마음이 교만하며 이
　　　　로 인하여 나를 잊었느니라

창 4:6　여호와께서 가인에게 이르시되 네가 분하여 함은 어찜이며 안
　　　　색이 변함은 어찜이뇨

창 4:7　네가 선을 행하면 어찌 낯을 들지 못하겠느냐 선을 행치 아니
　　　　하면 죄가 문에 엎드리느니라 죄의 소원은 네게 있으나 너는
　　　　죄를 다스릴지니라

신 31:20　내가 그들의 열조에게 맹세한바 젖과 꿀이 흐르는 땅으로 그
　　　　들을 인도하여 들인 후에 그들이 먹어 배부르고 살찌면 돌이
　　　　켜 다른 신들을 섬기며 나를 멸시하여 내 언약을 어기리니

신 31:21　그들이 재앙과 환난을 당할 때에 그들의 자손이 부르기를 잊
　　　　지 아니한 이 노래가 그들 앞에 증인처럼 되리라 나는 내가 맹
　　　　세한 땅으로 그들을 인도하여 들이기 전 오늘날에 나는 그들
　　　　의 상상하는 바를 아노라

출 34:15 너는 삼가 그 땅의 거민과 언약을 세우지 말지니 이는 그들이
모든 신을 음란히 섬기며 그 신들에게 희생을 드리고 너를 청
하면 네가 그 희생을 먹을까 함이며

요 12:42 그러나 관원 중에도 저를 믿는 자가 많되 바리새인들을 인하
여 드러나게 말하지 못하니 이는 출회를 당할까 두려워함이라
요 12:43 저희는 사람의 영광을 하나님의 영광보다 더 사랑하였더라

요 3:19 그 정죄는 이것이니 곧 빛이 세상에 왔으되 사람들이 자기 행
위가 악하므로 빛보다 어두움을 더 사랑한 것이니라
요 3:20 악을 행하는 자마다 빛을 미워하여 빛으로 오지 아니하나니
이는 그 행위가 드러날까 함이요

살후 2:10 불의의 모든 속임으로 멸망하는 자들에게 임하리니 이는 저희
가 진리의 사랑을 받지 아니하여 구원함을 얻지 못함이니라
살후 2:11 이러므로 하나님이 유혹을 저의 가운데 역사하게 하사 거짓
것을 믿게 하심은
살후 2:12 진리를 믿지 않고 불의를 좋아하는 모든 자로 심판을 받게 하
려 하심이니라

시 119:67　고난 당하기 전에는 내가 그릇 행하였더니 이제는 주의 말씀
　　　　　을 지키나이다

시 119:71　고난 당한 것이 내게 유익이라 이로 인하여 내가 주의 율례를
　　　　　배우게 되었나이다

출 6:8　　내가 아브라함과 이삭과 야곱에게 주기로 맹세한 땅으로 너희
　　　　　를 인도하고 그 땅을 너희에게 주어 기업을 삼게 하리라 나는
　　　　　여호와로라 하셨다 하라
출 6:9　　모세가 이와 같이 이스라엘 자손에게 전하나 그들이 마음의
　　　　　상함과 역사의 혹독함을 인하여 모세를 듣지 아니하였더라

출 32:25　모세가 본즉 백성이 방자하니 이는 아론이 그들로 방자하게
　　　　　하여 원수에게 조롱거리가 되게 하였음이라

민 11:4　　이스라엘 중에 섞여 사는 무리가 탐욕을 품으매 이스라엘 자
　　　　　손도 다시 울며 가로되 누가 우리에게 고기를 주어 먹게 할꼬

신 32:15　그러한데 여수룬이 살찌매 발로 찼도다 네가 살찌고 부대하고
　　　　　윤택하매 자기를 지으신 하나님을 버리며 자기를 구원하신 반

석을 경홀히 여겼도다

약 1:15　욕심이 잉태한즉 죄를 낳고 죄가 장성한즉 사망을 낳느니라

수 7:21　내가 노략한 물건 중에 시날산의 아름다운 외투 한벌과 은 이
백 세겔과 오십 세겔중의 금덩이 하나를 보고 탐내어 취하였
나이다 보소서 이제 그 물건들을 내 장막 가운데 땅속에 감추
었는데 은은 그 밑에 있나이다

딤후 3:6　저희 중에 남의 집에 가만히 들어가 어리석은 여자를 유인하
는 자들이 있으니 그 여자는 죄를 중히 지고 여러가지 욕심에
끌린 바 되어

신 7:3　또 그들과 혼인하지 말지니 네 딸을 그 아들에게 주지 말 것이
요 그 딸로 네 며느리를 삼지 말 것은

신 7:4　그가 네 아들을 유혹하여 그로 여호와를 떠나고 다른 신들을
섬기게 하므로 여호와께서 너희에게 진노하사 갑자기 너희를
멸하실 것임이니라

죄의 결과

사 14:20　네가 자기 땅을 망케 하였고 자기 백성을 죽였으므로 그들과
　　　　　일반으로 안장함을 얻지 못하나니 악을 행하는 자의 후손은
　　　　　영영히 이름이 나지 못하리로다 할지니라

사 57:20　오직 악인은 능히 안정치 못하고 그 물이 진흙과 더러운 것을
　　　　　늘 솟쳐내는 요동하는 바다와 같으니라

사 57:21　내 하나님의 말씀에 악인에게는 평강이 없다 하셨느니라

렘 8:10　　그러므로 내가 그들의 아내를 타인에게 주겠고 그들의 전지를 그
　　　　　차지할 자들에게 주리니 그들은 가장 작은 자로부터 큰 자까지
　　　　　다 탐남하며 선지자로부터 제사장까지 다 거짓을 행함이라

암 4:1　　사마리아 산에 거하는 바산 암소들아 이 말을 들으라 너희는
　　　　　가난한 자를 학대하며 궁핍한 자를 압제하며 가장에게 이르기
　　　　　를 술을 가져다가 우리로 마시게 하라 하는도다

암 4:2　　주 여호와께서 자기의 거룩함을 가리켜 맹세하시되 때가 너희
　　　　　에게 임할지라 사람이 갈고리로 너희를 끌어 가며 낚시로 너
　　　　　희의 남은 자들을 그리하리라

합 2:8　　네가 여러 나라를 노략하였으므로 그 모든 민족의 남은 자가
　　　　　너를 노략하리니 이는 네가 사람의 피를 흘렸음이요 또 땅에,

성읍에, 그 안의 모든 거민에게 강포를 행하였음이니라 하리라

합 2:9 재앙을 피하기 위하여 높은데 깃들이려 하며 자기 집을 위하여 불의의 이를 취하는 자에게 화 있을진저

창 4:10 가라사대 네가 무엇을 하였느냐 네 아우의 핏소리가 땅에서부터 내게 호소하느니라

창 4:11 땅이 그 입을 벌려 네 손에서부터 네 아우의 피를 받았은즉 네가 땅에서 저주를 받으리니

창 4:12 네가 밭 갈아도 땅이 다시는 그 효력을 네게 주지 아니할 것이요 너는 땅에서 피하며 유리하는 자가 되리라

레 18:25 그 땅도 더러워졌으므로 내가 그 악을 인하여 벌하고 그 땅도 스스로 그 거민을 토하여 내느니라

삼하 7:14 나는 그 아비가 되고 그는 내 아들이 되리니 저가 만일 죄를 범하면 내가 사람 막대기와 인생 채찍으로 징계하려니와

신 8:5 너는 사람이 그 아들을 징계함 같이 네 하나님 여호와께서 너를 징계하시는 줄 마음에 생각하고

신 8:6 네 하나님 여호와의 명령을 지켜 그 도를 행하며 그를 경외할 지니라

죄를 용서 받는 법

요일 1:9 만일 우리가 우리 죄를 자백하면 저는 미쁘시고 의로우사 우
리 죄를 사하시며 모든 불의에서 우리를 깨끗게 하실 것이요

요일 1:10 만일 우리가 범죄하지 아니하였다 하면 하나님을 거짓말 하는 자
로 만드는 것이니 또한 그의 말씀이 우리 속에 있지 아니하니라

행 3:19 그러므로 너희가 회개하고 돌이켜 너희 죄 없이 함을 받으라
이같이 하면 유쾌하게 되는 날이 주 앞으로부터 이를 것이요

잠 28:13 자기의 죄를 숨기는 자는 형통치 못하나 죄를 자복하고 버리
는 자는 불쌍히 여김을 받으리라

시 86:5 주는 선하사 사유하기를 즐기시며 주께 부르짖는 자에게 인자
함이 후하심이니이다

시 32:10 악인에게는 많은 슬픔이 있으나 여호와를 신뢰하는 자에게는
인자하심이 두르리로다

약 5:19 내 형제들아 너희 중에 미혹하여 진리를 떠난 자를 누가 돌아
서게 하면

약 5:20 너희가 알 것은 죄인을 미혹한 길에서 돌아서게 하는 자가 그

영혼을 사망에서 구원하며 허다한 죄를 덮을 것이니라

눅 6:37   비판치 말라 그리하면 너희가 비판을 받지 않을 것이요 정죄
하지 말라 그리하면 너희가 정죄를 받지 않을 것이요 용서하
라 그리하면 너희가 용서를 받을 것이요

막 11:25   서서 기도할 때에 아무에게나 혐의가 있거든 용서하라 그리하
여야 하늘에 계신 너희 아버지도 너희 허물을 사하여 주시리
라 하셨더라

민 5:7   그 지은 죄를 자복하고 그 죄 값을 온전히 갚되 오분지 일을 더
하여 그가 죄를 얻었던 그 본주에게 돌려 줄 것이요

시 32:1   (다윗의 마스길) 허물의 사함을 얻고 그 죄의 가리움을 받은
자는 복이 있도다

시 32:2   마음에 간사가 없고 여호와께 정죄를 당치 않은 자는 복이 있
도다

요일 1:6   만일 우리가 하나님과 사귐이 있다 하고 어두운 가운데 행하
면 거짓말을 하고 진리를 행치 아니함이거니와

요일 1:7   **저가 빛 가운데 계신 것같이** 우리도 빛 가운데 행하면 **우리가 서로 사귐이 있고 그 아들 예수의 피가** 우리를 모든 죄에서 깨 끗하게 하실 것이요

요 20:22   **이 말씀을 하시고 저희를 향하사 숨을 내쉬며 가라사대** 성령 을 받으라

요 20:23   **너희가** 뉘 죄든지 사하면 사하여질 것이요 뉘 죄든지 그대로 두면 그대로 있으리라 하시니라

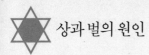

상과 벌의 원인

성경 말씀(율법)을 지키면서 살면 상을 받고, 그렇지 않으면 벌을 받는 것은 분명하다. 다만, 상과 벌의 시기는 사람이 알 수 없다. 특히나 성경에서 말하는 작은 죄와 작은 의로운 일들은 사람들이 많이 저지르기 때문에, 모든 일의 인과관계는 알 수 없다.

게다가 하나님께서는 오래 참으시기에, 죄인에게 충분히 만회할 기회를 주시고, 누가 봐도 그보다 더 오래 참을 수는 없을 것 같을 만큼 기다리신 뒤에 벌을 주시는 것 같다. 5년 전에 지은 죄의 벌을 지금 받는다면, 그 벌이 5년 전의 잘못 때문이라는 것을 알기 어렵다.

반대로 긴 기간으로 보면, 어떤 사람이 큰 죄를 짓지 않았다면 분명히 그 사람의 인생이 잘 돼야 한다. 1~2년이 아니라 3~10년을 보면, 어떤 사람의 인생에 굴곡이 있다 한들, 큰 방향에서는 잘돼야 한다.

잠 24:16   대저 의인은 일곱 번 넘어질지라도 다시 일어나려니와
           악인은 재앙으로 인하여 엎드러지느니라

물론 악한 사람들의 인생이 잘되는 경우도 많다. 그러나 그런 사람들은 10~20년을 보면 분명히 잘 안 돼야 한다. 나쁘게 취득한 재물은 중년(30~60살 가량)이 되면 없어질 것이라고 하였으니, 그 말이 이뤄져야 성경이 옳다.

렘 17:10 나 여호와는 심장을 살피며 폐부를 시험하고 각각 그 행위와 그 행실대로 보응하나니

렘 17:11 불의로 치부하는 자는 자고새가 낳지 아니한 알을 품음 같아서 그 중년에 그것이 떠나겠고 필경은 어리석은 자가 되리라

유태인들은 성경 말씀(율법)을 지키며 살려고 한다. 하지만 그들 개개인의 상과 벌에 대해서는 판단하기 어렵다. 하지만 유태인 민족은 경제적으로 풍요롭고, 노벨상의 22%를 차지할 정도로 지식에 있어서도 축복을 받은 것은 분명하다.

천국 가는 법   18

비참한 방식으로 죽는 것(너무 일찍 죽는 것, 사고로 죽는 것 등)과 사후에 지옥에 가는 것은 비슷한 이유 때문이다. 가끔 너무 선해서 사후에 더 큰 상을 받기 위해 세상 삶이 불행한 경우도 있지만, 대부분은 악하기 때문에 죽거나 지옥에 간다.

성경적으로는 세상 삶에서 너무 일찍 죽는 것이나 지옥에 가는 것은 '하나님의 말씀'을 어기고 '악하게' 살았기 때문이다.

반대로 세상에서 살아남는 것과 천국에 가는 것은 하나님 말씀을 지키고 선하게(의롭게) 살았기 때문이다.

고난과 고통을 받는 자가 천국에 간다.

살후 1:3 형제들아 우리가 너희를 위하여 항상 하나님께 감사할지니 이 것이 당연함은 너희 믿음이 더욱 자라고 너희가 다 각기 서로 사랑함이 풍성함이며

살후 1:4 그리고 너희의 참는 모든 핍박과 환난 중에서 너희 인내와 믿 음을 인하여 하나님의 여러 교회에서 우리가 친히 자랑함이라

살후 1:5 이는 하나님의 공의로운 심판의 표요 너희로 하여금 하나님 나라에 합당한 자로 여기심을 얻게 하려 함이니 그 나라를 위 하여 너희가 또한 고난을 받느니라

살후 1:6 너희로 환난 받게 하는 자들에게는 환난으로 갚으시고

살후 1:7 환난 받는 너희에게는 우리와 함께 안식으로 갚으시는 것이 하나님의 공의시니 주 예수께서 저의 능력의 천사들과 함께 하늘로부터 불꽃 중에 나타나실 때에

살후 1:8 하나님을 모르는 자들과 우리 주 예수의 복음을 복종치 않는 자들에게 형벌을 주시리니

살후 1:9 이런 자들이 주의 얼굴과 그의 힘의 영광을 떠나 영원한 멸망 의 형벌을 받으리로다

히 11:32 내가 무슨 말을 더 하리요 기드온, 바락, 삼손, 입다와 다윗과 사무엘과 및 선지자들의 일을 말하려면 내게 시간이 부족하리 로다

히 11:33 저희가 믿음으로 나라들을 이기기도 하며 의를 행하기도 하며 약속을 받기도 하며 사자들의 입을 막기도 하며

히 11:34 불의 세력을 멸하기도 하며 칼날을 피하기도 하며 연약한 가운데서 강하게 되기도 하며 전쟁에 용맹되어 이방 사람들의 진을 물리치기도 하며

히 11:35 여자들은 자기의 죽은 자를 부활로 받기도 하며 또 어떤 이들은 더 좋은 부활을 얻고자 하여 악형을 받되 구차히 면하지 아니하였으며

히 11:36 또 어떤 이들은 희롱과 채찍질 뿐 아니라 결박과 옥에 갇히는 시험도 받았으며

히 11:37 돌로 치는 것과 톱으로 켜는 것과 시험과 칼에 죽는 것을 당하고 양과 염소의 가죽을 입고 유리하여 궁핍과 환난과 학대를 받았으니

히 11:38 (이런 사람은 세상이 감당치 못하도다) 저희가 광야와 산중과 암혈과 토굴에 유리하였느니라

롬 8:17 자녀이면 또한 후사 곧 하나님의 후사요 그리스도와 함께 한 후사니 우리가 그와 함께 영광을 받기 위하여 고난도 함께 받아야 될 것이니라

마 5:10	의를 위하여 핍박을 받은 자는 복이 있나니 천국이 저희 것임이라
마 5:11	나를 인하여 너희를 욕하고 핍박하고 거짓으로 너희를 거스려 모든 악한 말을 할 때에는 너희에게 복이 있나니
마 5:12	**기뻐하고 즐거워하라** 하늘에서 너희의 상이 큼이라 너희 전에 **있던 선지자들을 이같이 핍박하였느니라**

마 10:20	말하는 이는 너희가 아니라 너희 속에서 말씀하시는 자 곧 너희 아버지의 성령이시니라
마 10:21	장차 형제가 형제를, 아비가 자식을 죽는데 내어주며 자식들이 부모를 대적하여 죽게 하리라
마 10:22	**또 너희가** 내 이름을 인하여 모든 사람에게 미움을 받을 것이나 나중까지 견디는 자는 구원을 얻으리라

눅 6:22	인자를 인하여 사람들이 너희를 미워하며 멀리하고 욕하고 너희 이름을 악하다 하여 버릴 때에는 너희에게 복이 있도다
눅 6:23	**그 날에 기뻐하고 뛰놀라** 하늘에서 너희 상이 큼이라 저희 조상들이 선지자들에게 이와 같이 하였느니라

막 13:13	**또 너희가** 내 이름을 인하여 모든 사람에게 미움을 받을 것이

나 나중까지 견디는 자는 구원을 얻으리라

눅 16:25　아브라함이 가로되 애 너는 살았을 때에 네 좋은 것을 받았고
　　　　　나사로는 고난을 받았으니 이것을 기억하라 이제 저는 여기서
　　　　　위로를 받고 너는 고민을 받느니라

딤후 3:12　무릇 그리스도 예수 안에서 경건하게 살고자 하는 자는 핍박
　　　　　을 받으리라

딤후 3:13　악한 사람들과 속이는 자들은 더욱 악하여져서 속이기도 하고
　　　　　속기도 하나니

행 14:22　제자들의 마음을 굳게 하여 이 믿음에 거하라 권하고 또 우리가
　　　　　하나님 나라에 들어가려면 많은 환난을 겪어야 할 것이라 하고

고후 4:17　우리의 잠시 받는 환난의 경한 것이 지극히 크고 영원한 영광
　　　　　의 중한 것을 우리에게 이루게 함이니

고후 7:10　하나님의 뜻대로 하는 근심은 후회할 것이 없는 구원에 이르
　　　　　게 하는 회개를 이루는 것이요 세상 근심은 사망을 이루는 것
　　　　　이니라

고후 7:11　보라 하나님의 뜻대로 하게 한 이 근심이 너희로 얼마나 간절
하게 하며 얼마나 변명하게 하며 얼마나 분하게 하며 얼마나
두렵게 하며 얼마나 사모하게 하며 얼마나 열심있게 하며 얼
마나 벌하게 하였는가, 너희가 저 일에 대하여 일절 너희 자신
의 깨끗함을 나타내었느니라

단 11:35　또 그들 중 지혜로운 자 몇 사람이 쇠패하여 무리로 연단되며
정결케 되며 희게 되어 마지막 때까지 이르게 하리니 이는 작
정된 기한이 있음이니라

히 10:33　혹 비방과 환난으로써 사람에게 구경거리가 되고 혹 이런 형
편에 있는 자들로 사귀는 자 되었으니

히 10:34　너희가 갇힌 자를 동정하고 너희 산업을 빼앗기는 것도 기쁘
게 당한 것은 더 낫고 영구한 산업이 있는 줄 앎이라

히 10:35　그러므로 너희 담대함을 버리지 말라 이것이 큰 상을 얻느니라

히 12:10　저희는 잠시 자기의 뜻대로 우리를 징계하였거니와 오직 하나님
은 우리의 유익을 위하여 그의 거룩하심에 참예케 하시느니라

히 12:11　무릇 징계가 당시에는 즐거워 보이지 않고 슬퍼 보이나 후에
그로 말미암아 연달한 자에게는 의의 평강한 열매를 맺나니

약 1:12   시험을 참는 자는 복이 있도다 이것에 옳다 인정하심을 받은
후에 주께서 자기를 사랑하는 자들에게 약속하신 생명의 면류
관을 얻을 것임이니라

약 1:13   사람이 시험을 받을 때에 내가 하나님께 시험을 받는다 하지
말지니 하나님은 악에게 시험을 받지도 아니하시고 친히 아무
도 시험하지 아니하시느니라

약 1:14   오직 각 사람이 시험을 받는 것은 자기 욕심에 끌려 미혹됨이니

약 1:15   욕심이 잉태한즉 죄를 낳고 죄가 장성한즉 사망을 낳느니라

딤후 3:12   무릇 그리스도 예수 안에서 경건하게 살고자 하는 자는 핍박
을 받으리라

계 20:4   또 내가 보좌들을 보니 거기 앉은 자들이 있어 심판하는 권세
를 받았더라 또 내가 보니 예수의 증거와 하나님의 말씀을 인
하여 목 베임을 받은 자의 영혼들과 또 짐승과 그의 우상에게
경배하지도 아니하고 이마와 손에 그의 표를 받지도 아니한
자들이 살아서 그리스도로 더불어 천년 동안 왕 노릇하니

계 20:5   (그 나머지 죽은 자들은 그 천년이 차기까지 살지 못하더라)
이는 첫째 부활이라

계 20:6   이 첫째 부활에 참예하는 자들은 복이 있고 거룩하도다 둘째

사망이 그들을 다스리는 권세가 없고 도리어 그들이 하나님과 그리스도의 제사장이 되어 천년 동안 그리스도로 더불어 왕 노릇 하리라

단 12:10 많은 사람이 연단을 받아 스스로 정결케 하며 희게 할 것이나 악한 사람은 악을 행하리니 악한 자는 아무도 깨닫지 못하되 오직 지혜 있는 자는 깨달으리라

마 5:3 심령이 가난한 자는 복이 있나니 천국이 저희 것임이요

시 119:67 고난 당하기 전에는 내가 그릇 행하였더니 이제는 주의 말씀 을 지키나이다

시 119:71 고난 당한 것이 내게 유익이라 이로 인하여 내가 주의 율례를 배우게 되었나이다

눅 9:23 또 무리에게 이르시되 아무든지 나를 따라 오려거든 자기를 부인하고 날마다 제 십자가를 지고 나를 좇을 것이니라

눅 9:24 누구든지 제 목숨을 구원코자 하면 잃을 것이요 누구든지 나 를 위하여 제 목숨을 잃으면 구원하리라

눅 14:30   가로되 이 사람이 역사를 시작하고 능히 이루지 못하였다 하
　　　　　리라

눅 14:31   또 어느 임금이 다른 임금과 싸우러 갈 때에 먼저 앉아 일만으
　　　　　로서 저 이만을 가지고 오는 자를 대적할 수 있을까 헤아리지
　　　　　아니하겠느냐

눅 14:32   만일 못할 터이면 저가 아직 멀리 있을 동안에 사신을 보내어
　　　　　화친을 청할지니라

눅 14:33   이와 같이 너희 중에 누구든지 자기의 모든 소유를 버리지 아
　　　　　니하면 능히 내 제자가 되지 못하리라

막 8:35   누구든지 제 목숨을 구원코자 하면 잃을 것이요 누구든지 나
　　　　　와 복음을 위하여 제 목숨을 잃으면 구원하리라

눅 18:29   이르시되 내가 진실로 너희에게 이르노니 하나님의 나라를 위
　　　　　하여 집이나 아내나 형제나 부모나 자녀를 버린 자는

눅 18:30   금세에 있어 여러 배를 받고 내세에 영생을 받지 못할 자가 없
　　　　　느니라 하시니라

요 12:25   자기 생명을 사랑하는 자는 잃어버릴 것이요 이 세상에서 자
　　　　　기 생명을 미워하는 자는 영생하도록 보존하리라

계 3:19 무릇 내가 사랑하는 자를 책망하여 징계하노니 그러므로 네가 열심을 내라 회개하라

신 4:30 이 모든 일이 네게 임하여 환난을 당하다가 끝날에 네가 네 하나님 여호와께로 돌아와서 그 말씀을 청종하리니

예수 믿는 자가 천국에 간다

마 19:27 이에 베드로가 대답하여 가로되 보소서 우리가 모든 것을 버리고 주를 좇았사오니 그런즉 우리가 무엇을 얻으리이까

마 19:28 예수께서 가라사대 내가 진실로 너희에게 이르노니 세상이 새롭게 되어 인자가 자기 영광의 보좌에 앉을 때에 나를 좇는 너희도 열 두 보좌에 앉아 이스라엘 열 두 지파를 심판하리라

마 19:29 또 내 이름을 위하여 집이나 형제나 자매나 부모나 자식이나 전토를 버린 자마다 여러 배를 받고 또 영생을 상속하리라

요 1:12 영접하는 자 곧 그 이름을 믿는 자들에게는 하나님의 자녀가 되는 권세를 주셨으니

요 3:35 아버지께서 아들을 사랑하사 만물을 다 그 손에 주셨으니

요 3:36 아들을 믿는 자는 영생이 있고 아들을 순종치 아니하는 자는 영생을 보지 못하고 도리어 하나님의 진노가 그 위에 머물러 있느니라

요 5:24 내가 진실로 진실로 너희에게 이르노니 내 말을 듣고 또 나 보내신 이를 믿는 자는 영생을 얻었고 심판에 이르지 아니하나니 사망에서 생명으로 옮겼느니라

요 10:9 내가 문이니 누구든지 나로 말미암아 들어가면 구원을 얻고 또는 들어가며 나오며 꼴을 얻으리라

요 10:10 도적이 오는 것은 도적질하고 죽이고 멸망시키려는 것 뿐이요 내가 온 것은 양으로 생명을 얻게 하고 더 풍성히 얻게 하려는 것이라

요 11:25 예수께서 가라사대 나는 부활이요 생명이니 나를 믿는 자는 죽어도 살겠고

요 11:26 무릇 살아서 나를 믿는 자는 영원히 죽지 아니하리니 이것을 네가 믿느냐

고전 15:2 너희가 만일 나의 전한 그 말을 굳게 지키고 헛되이 믿지 아니하였으면 이로 말미암아 구원을 얻으리라

고전 15:3 내가 받은 것을 먼저 너희에게 전하였노니 이는 성경대로 그리스도께서 우리 죄를 위하여 죽으시고

고전 15:4 장사 지낸바 되었다가 성경대로 사흘만에 다시 살아나사

벧후 1:5 이러므로 너희가 더욱 힘써 너희 믿음에 덕을, 덕에 지식을,

벧후 1:6 지식에 절제를, 절제에 인내를, 인내에 경건을,

벧후 1:7 경건에 형제 우애를, 형제 우애에 사랑을 공급하라

벧후 1:8   이런 것이 너희에게 있어 흡족한즉 너희로 우리 주 예수 그리스도를 알기에 게으르지 않고 열매 없는 자가 되지 않게 하려니와

벧후 1:9   이런 것이 없는 자는 소경이라 원시치 못하고 그의 옛 죄를 깨끗케 하심을 잊었느니라

벧후 1:10   그러므로 형제들아 더욱 힘써 너희 부르심과 택하심을 굳게 하라 너희가 이것을 행한즉 언제든지 실족지 아니하리라

벧후 1:11   이같이 하면 우리 주 곧 구주 예수 그리스도의 영원한 나라에 들어감을 넉넉히 너희에게 주시리라

막 16:15   또 가라사대 너희는 온 천하에 다니며 만민에게 복음을 전파하라

막 16:16   믿고 세례를 받는 사람은 구원을 얻을 것이요 믿지 않는 사람은 정죄를 받으리라

막 16:17   믿는 자들에게는 이런 표적이 따르리니 곧 저희가 내 이름으로 귀신을 쫓아내며 새 방언을 말하며

막 16:18   뱀을 집으며 무슨 독을 마실지라도 해를 받지 아니하며 병든 사람에게 손을 얹은즉 나으리라 하시더라

요 5:39   너희가 성경에서 영생을 얻는 줄 생각하고 성경을 상고하거니

와 이 성경이 곧 내게 대하여 증거하는 것이로다

요 5:40 그러나 너희가 영생을 얻기 위하여 내게 오기를 원하지 아니하는도다

요 5:41 나는 사람에게 영광을 취하지 아니하노라

요 5:42 다만 하나님을 사랑하는 것이 너희 속에 없음을 알았노라

요 6:53 예수께서 이르시되 내가 진실로 진실로 너희에게 이르노니 인자의 살을 먹지 아니하고 인자의 피를 마시지 아니하면 너희 속에 생명이 없느니라

요 6:54 내 살을 먹고 내 피를 마시는 자는 영생을 가졌고 마지막 날에 내가 그를 다시 살리리니

요 6:55 내 살은 참된 양식이요 내 피는 참된 음료로다

요 6:56 내 살을 먹고 내 피를 마시는 자는 내 안에 거하고 나도 그 안에 거하나니

요 6:57 살아 계신 아버지께서 나를 보내시매 내가 아버지로 인하여 사는 것같이 나를 먹는 그 사람도 나로 인하여 살리라

요 6:58 이것은 하늘로서 내려온 떡이니 조상들이 먹고도 죽은 그것과 같지 아니하여 이 떡을 먹는 자는 영원히 살리라

요 17:2 아버지께서 아들에게 주신 모든 자에게 영생을 주게 하시려고

만민을 다스리는 권세를 아들에게 주셨음이로소이다

요 17:3 영생은 곧 유일하신 참 하나님과 그의 보내신 자 예수 그리스도를 아는 것이니이다

요 8:51 진실로 진실로 너희에게 이르노니 사람이 내 말을 지키면 죽음을 영원히 보지 아니하리라

요 20:31 오직 이것을 기록함은 너희로 예수께서 하나님의 아들 그리스도이심을 믿게 하려 함이요 또 너희로 믿고 그 이름을 힘입어 생명을 얻게 하려 함이니라

눅 1:77 주의 백성에게 그 죄 사함으로 말미암는 구원을 알게 하리니

히 5:8 그가 아들이시라도 받으신 고난으로 순종함을 배워서
히 5:9 온전하게 되었은즉 자기를 순종하는 모든 자에게 영원한 구원의 근원이 되시고

빌 1:27 오직 너희는 그리스도 복음에 합당하게 생활하라 이는 내가 너희를 가보나 떠나 있으나 너희가 일심으로 서서 한 뜻으로 복음의 신앙을 위하여 협력하는 것과

빌 1:28 아무 일에든지 대적하는 자를 인하여 두려워하지 아니하는 이 일을 듣고자 함이라 이것이 저희에게는 멸망의 빙거요 너희에게는 구원의 빙거(증거)니 이는 하나님께로부터 난 것이니라

딤후 3:15 또 네가 어려서부터 성경을 알았나니 성경은 능히 너로 하여금 그리스도 예수 안에 있는 믿음으로 말미암아 구원에 이르는 지혜가 있게 하느니라

딤후 3:16 모든 성경은 하나님의 감동으로 된 것으로 교훈과 책망과 바르게 함과 의로 교육하기에 유익하니

딤후 3:17 이는 하나님의 사람으로 온전케 하며 모든 선한 일을 행하기에 온전케 하려 함이니라

의로운 자가 천국에 간다

창 7:1 여호와께서 노아에게 이르시되 너와 네 온 집은 방주로 들어가라 네가 이 세대에 내 앞에서 의로움을 내가 보았음이니라

겔 18:5 사람이 만일 의로워서 법과 의를 따라 행하며

겔 18:6 산 위에서 제물을 먹지 아니하며 이스라엘 족속의 우상에게 눈을 들지 아니하며 이웃의 아내를 더럽히지 아니하며 월경 중에 있는 여인을 가까이 하지 아니하며

겔 18:7 사람을 학대하지 아니하며 빚진 자의 전당물을 도로 주며 억탈하지 아니하며 주린 자에게 식물을 주며 벗은 자에게 옷을 입히며

겔 18:8 변을 위하여 꾸이지 아니하며 이식을 받지 아니하며 스스로 손을 금하여 죄악을 짓지 아니하며 사람 사람 사이에 진실히 판단하며

시 50:23 감사로 제사를 드리는 자가 나를 영화롭게 하나니 그 행위를 옳게 하는 자에게 내가 하나님의 구원을 보이리라

롬 8:13 너희가 육신대로 살면 반드시 죽을 것이로되 영으로써 몸의 행실을 죽이면 살리니

롬 8:14 무릇 하나님의 영으로 인도함을 받는 그들은 곧 하나님의 아들이라

겔 18:9　내 율례를 좇으며 내 규례를 지켜 진실히 행할진대 그는 의인 이니 정녕 살리라 **나 주 여호와의 말이니라**

롬 2:6　**하나님께서 각 사람에게 그 행한 대로 보응하시되**

롬 2:7　참고 선을 행하여 영광과 존귀와 썩지 아니함을 구하는 자에 게는 영생으로 하시고

롬 2:8　오직 당을 지어 진리를 좇지 아니하고 불의를 좇는 자에게는 노와 분으로 하시리라

롬 2:9　악을 행하는 각 사람의 영에게 환난과 곤고가 있으리니 첫째 는 유대인에게요 또한 헬라인에게며

시 50:23　**감사로 제사를 드리는 자가 나를 영화롭게 하나니** 그 행위를 옳게 하는 자에게 내가 하나님의 구원을 보이리라

시 97:10　**여호와를 사랑하는 너희여** 악을 미워하라 저가 그 성도의 영 혼을 보전하사 악인의 손에서 건지시느니라

요 5:29　선한 일을 행한 자는 생명의 부활로, **악한 일을 행한 자는 심판 의 부활로 나오리라**

요 5:30　내가 아무 것도 스스로 할 수 없노라 듣는 대로 심판하노니 나

는 나의 원대로 하려하지 않고 나를 보내신 이의 원대로 하려는 고로 내 심판은 의로우니라

행 24:15 저희의 기다리는바 하나님께 향한 소망을 나도 가졌으니 곧 의인과 악인의 부활이 있으리라 함이라

행 24:16 이것을 인하여 나도 하나님과 사람을 대하여 항상 양심에 거리낌이 없기를 힘쓰노라

롬 6:22 그러나 이제는 너희가 죄에게서 해방되고 하나님께 종이 되어 거룩함에 이르는 열매를 얻었으니 이 마지막은 영생이라

롬 6:23 죄의 삯은 사망이요 하나님의 은사는 그리스도 예수 우리 주 안에 있는 영생이니라

렘 25:5 이르시기를 너희는 각기 악한 길과 너희 악행에서 돌이키라 그리하면 나 여호와가 너희와 너희 열조에게 옛적에 주어 영원히 있게 한 그 땅에 거하리니

행 10:22 저희가 대답하되 백부장 고넬료는 의인이요 하나님을 경외하는 자라 유대 온 족속이 칭찬하더니 저가 거룩한 천사의 지시를 받아 너를 그 집으로 청하여 말을 들으려 하느니라 한대

행 10:35   **각 나라중** 하나님을 경외하며 의를 행하는 사람은 하나님이
           받으시는 줄 **깨달았도다**

사 51:6   너희는 하늘로 눈을 들며 그 아래의 땅을 살피라 하늘이 연기
           같이 사라지고 땅이 옷 같이 해어지며 거기 거한 자들이 하루
           살이 같이 죽으려니와 나의 구원은 영원히 있고 나의 의는 폐
           하여지지 아니하리라

사 51:7   의를 아는 자들아, 마음에 내 율법이 있는 백성들아, 너희는 나를
           듣고 사람의 훼방을 두려워 말라 사람의 비방에 놀라지 말라

사 51:8   그들은 옷 같이 좀에게 먹힐 것이며 그들은 양털 같이 벌레에
           게 먹힐 것이로되 나의 의는 영원히 있겠고 나의 구원은 세세
           에 미치리라

시 97:10   **여호와를 사랑하는 너희여** 악을 미워하라 저가 그 성도의 영
           혼을 보전하사 악인의 손에서 건지시느니라

시 97:11   의인을 위하여 빛을 뿌리고 마음이 정직한 자를 위하여 기쁨
           을 뿌렸도다

시 97:12   의인이여 너희는 여호와로 인하여 기뻐하며 그 거룩한 기념에
           감사할지어다

렘 18:7　내가 언제든지 어느 민족이나 국가를 뽑거나 파하거나 멸하리라 한다고 하자

렘 18:8　만일 나의 말한 그 민족이 그 악에서 돌이키면 내가 그에게 내리기로 생각하였던 재앙에 대하여 뜻을 돌이키겠고

렘 18:9　내가 언제든지 어느 민족이나 국가를 건설하거나 심으리라 한다고 하자

렘 18:10　만일 그들이 나 보기에 악한 것을 행하여 내 목소리를 청종치 아니하면 내가 그에게 유익케 하리라 한 선에 대하여 뜻을 돌이키리라

렘 18:11　그러므로 이제 너는 유다 사람들과 예루살렘 거민들에게 말하여 이르기를 여호와의 말씀에 보라 내가 너희에게 재앙을 내리며 계책을 베풀어 너희를 치려 하노니 너희는 각기 악한 길에서 돌이키며 너희 길과 행위를 선하게 하라 하셨다 하라

악한 자는 천국에 가지 못한다

엡 5:5   **너희도 이것을 정녕히 알거니와** 음행하는 자나 더러운 자나 탐하는 자 곧 우상 숭배자는 다 그리스도와 하나님 나라에서 기업을 얻지 못하리니

고전 6:10   도적이나 탐람하는 자나 술 취하는 자나 후욕하는 자나 토색 하는 자들은 하나님의 나라를 유업으로 받지 못하리라

계 21:8   **그러나 두려워하는 자들과 믿지 아니하는 자들과** 흉악한 자들 과 살인자들과 행음자들과 술객들과 우상 숭배자들과 모든 거 짓말하는 자들은 불과 유황으로 타는 못에 참예하리니 **이것이 둘째 사망이라**

5 율법을 지키는 자가 천국에 간다

신 4:1 이스라엘아 이제 내가 너희에게 가르치는 규례와 법도를 듣고 준행하라 그리하면 너희가 살 것이요 너희의 열조의 하나님 여호와께서 너희에게 주시는 땅에 들어가서 그것을 얻게 되리라

레 18:5 너희는 나의 규례와 법도를 지키라 사람이 이를 행하면 그로 인하여 살리라 나는 여호와니라

마 5:19 그러므로 누구든지 이 계명 중에 지극히 작은 것 하나라도 버리고 또 그같이 사람을 가르치는 자는 천국에서 지극히 작다 일컬음을 받을 것이요 누구든지 이를 행하며 가르치는 자는 천국에서 크다 일컬음을 받으리라

마 5:20 내가 너희에게 이르노니 너희 의가 서기관과 바리새인보다 더 낫지 못하면 결단코 천국에 들어가지 못하리라

마 7:20 이러므로 그의 열매로 그들을 알리라

마 7:21 나더러 주여 주여 하는 자마다 천국에 다 들어갈 것이 아니요 다만 하늘에 계신 내 아버지의 뜻대로 행하는 자라야 들어가 리라

마 19:16 어떤 사람이 주께 와서 가로되 선생님이여 내가 무슨 선한 일

을 하여야 영생을 얻으리이까

마 19:17 예수께서 가라사대 어찌하여 선한 일을 내게 묻느냐 선한 이
는 오직 한 분이시니라 네가 생명에 들어 가려면 계명들을 지
키라

마 19:18 가로되 어느 계명이오니까 예수께서 가라사대 살인하지 말
라, 간음하지 말라, 도적질하지말라, 거짓증거하지 말라,

마 19:19 네 부모를 공경하라, 네 이웃을 네 몸과 같이 사랑하라 하신 것
이니라

마 19:20 그 청년이 가로되 이 모든 것을 내가 지키었사오니 아직도 무
엇이 부족하니이까

마 19:21 예수께서 가라사대 네가 온전하고자 할진대 가서 네 소유를
팔아 가난한 자들을 주라 그리하면 하늘에서 보화가 네게 있
으리라 그리고 와서 나를 좇으라 하시니

마 19:22 그 청년이 재물이 많으므로 이 말씀을 듣고 근심하며 가니라

마 19:23 예수께서 제자들에게 이르시되 내가 진실로 너희에게 이르노
니 부자는 천국에 들어가기가 어려우니라

마 19:24 다시 너희에게 말하노니 약대가 바늘귀로 들어가는 것이 부자
가 하나님의 나라에 들어가는 것보다 쉬우니라 하신대

마 19:25 제자들이 듣고 심히 놀라 가로되 그런즉 누가 구원을 얻을 수
있으리이까

마 19:26   예수께서 저희를 보시며 가라사대 사람으로는 할 수 없으되 하나님으로서는 다 할 수 있느니라

눅 18:17   내가 진실로 너희에게 이르노니 누구든지 하나님의 나라를 어린 아이와 같이 받들지 않는 자는 결단코 들어가지 못하리라 하시니라

눅 18:18   어떤 관원이 물어 가로되 선한 선생님이여 내가 무엇을 하여야 영생을 얻으리이까

눅 18:19   예수께서 이르시되 네가 어찌하여 나를 선하다 일컫느냐 하나님 한분 외에는 선한 이가 없느니라

눅 18:20   네가 계명을 아나니 간음하지 말라, 살인하지 말라, 도적질하지 말라, 거짓증거하지 말라, 네 부모를 공경하라 하였느니라

눅 18:21   여짜오되 이것은 내가 어려서부터 다 지키었나이다

눅 18:22   예수께서 이 말을 들으시고 이르시되 네가 오히려 한 가지 부족한 것이 있으니 네게 있는 것을 다 팔아 가난한 자들을 나눠 주라 그리하면 하늘에서 보화가 네게 있으리라 그리고 와서 나를 좇으라 하시니

눅 10:25   어떤 율법사가 일어나 예수를 시험하여 가로되 선생님 내가 무엇을 하여야 영생을 얻으리이까

눅 10:26 예수께서 이르시되 율법에 무엇이라 기록되었으며 네가 어떻게 읽느냐

눅 10:27 **대답하여 가로되** 네 마음을 다하며 목숨을 다하며 힘을 다하며 뜻을 다하여 주 너의 하나님을 사랑하고 또한 네 이웃을 네 몸과 같이 사랑하라 하였나이다

눅 10:28 **예수께서 이르시되 네 대답이 옳도다** 이를 행하라 그러면 살리라 하시니

행 7:37 이스라엘 자손을 대하여 하나님이 너희 형제 가운데서 나와 같은 선지자를 세우리라 하던 자가 곧 이 **모세라**

행 7:38 **시내산에서 말하던 그 천사와 및 우리 조상들과 함께 광야 교회에 있었고** 또 생명의 도를 받아 우리에게 주던 자가 이 사람이라

요일 2:17 **이 세상도, 그 정욕도 지나가되** 오직 하나님의 뜻을 행하는 이는 영원히 거하느니라

느 9:29 **다시 주의 율법을 복종하게 하시려고 경계하셨으나 저희가 교만히 행하여** 사람이 준행하면 그 가운데서 삶을 얻는 주의 계명을 듣지 아니하며 주의 규례를 범하여 고집하는 어깨를 내

어밀며 목을 굳게 하여 듣지 아니하였나이다

겔 20:11   사람이 준행하면 그로 인하여 삶을 얻을 내 율례를 주며 내 규
례를 알게 하였고

겔 20:12   또 나는 그들을 거룩하게 하는 여호와인 줄 알게 하려 하여 내
가 내 안식일을 주어 그들과 나 사이에 표징을 삼았었노라

사 51:6   너희는 하늘로 눈을 들며 그 아래의 땅을 살피라 하늘이 연기
같이 사라지고 땅이 옷 같이 해어지며 거기 거한 자들이 하루
살이 같이 죽으려니와 나의 구원은 영원히 있고 나의 의는 폐
하여지지 아니하리라

사 51:7   의를 아는 자들아, 마음에 내 율법이 있는 백성들아, 너희는 나를
듣고 사람의 훼방을 두려워 말라 사람의 비방에 놀라지 말라

사 51:8   그들은 옷 같이 좀에게 먹힐 것이며 그들은 양털 같이 벌레에
게 먹힐 것이로되 나의 의는 영원히 있겠고 나의 구원은 세세
에 미치리라

겔 14:13   인자야 가령 어느 나라가 불법하여 내게 범죄하므로 내가 손
을 그 위에 펴서 그 의뢰하는 양식을 끊어 기근을 내려서 사람
과 짐승을 그 나라에서 끊는다 하자

겔 14:14   **비록** 노아, 다니엘, 욥, 이 세 사람이 거기 있을지라도 그들은 자기의 의로 자기의 생명만 건지리라 **나 주 여호와의 말이니라**

신 30:6   네 하나님 여호와께서 네 마음과 네 자손의 마음에 할례를 베푸사 너로 마음을 다하며 성품을 다하여 네 하나님 여호와를 **사랑하게 하사** 너로 생명을 얻게 하실 것이며

6 겸손한 자가 천국에 간다

신 8:16 네 열조도 알지 못하던 만나를 광야에서 네게 먹이셨나니 이
는 다 너를 낮추시며 너를 시험하사 마침내 네게 복을 주려 하
심이었느니라

신 8:2 네 하나님 여호와께서 이 사십년 동안에 너로 광야의 길을 걷
게하신 것을 기억하라 이는 너를 낮추시며 너를 시험하사 네
마음이 어떠한지 그 명령을 지키는지 아니 지키는지 알려하심
이라

신 8:3 너를 낮추시며 너로 주리게 하시며 또 너도 알지 못하며 네 열
조도 알지 못하던 만나를 네게 먹이신 것은 사람이 떡으로만
사는 것이 아니요 여호와의 입에서 나오는 모든 말씀으로 사
는 줄을 너로 알게하려 하심이니라

욥 22:29 네가 낮춤을 받거든 높아지리라고 말하라 하나님은 겸손한 자
를 구원하시느니라

욥 22:30 무죄한 자가 아니라도 건지시리니 네 손이 깨끗함을 인하여
그런 자가 건지심을 입으리라

시 116:6 여호와께서는 어리석은 자를 보존하시나니 내가 낮게 될 때에
나를 구원하셨도다

시 147:6　여호와께서 겸손한 자는 붙드시고 악인은 땅에 엎드러뜨리시는도다

시 147:7　감사함으로 여호와께 노래하며 수금으로 하나님께 찬양할지어다

시 147:8　저가 구름으로 하늘을 덮으시며 땅을 위하여 비를 예비하시며 산에 풀이 자라게 하시며

시 147:9　들짐승과 우는 까마귀 새끼에게 먹을 것을 주시는도다

시 147:10　여호와는 말의 힘을 즐거워 아니하시며 사람의 다리도 기뻐 아니하시고

시 147:11　자기를 경외하는 자와 그 인자하심을 바라는 자들을 기뻐하시는도다

이웃을 구제하는 자가 천국에 간다

마 25:34 그 때에 임금이 그 오른편에 있는 자들에게 이르시되 내 아버지께 복 받을 자들이여 나아와 창세로부터 너희를 위하여 예비된 나라를 상속하라

마 25:35 내가 주릴 때에 너희가 먹을 것을 주었고 목마를 때에 마시게 하였고 나그네 되었을 때에 영접하였고

마 25:36 벗었을 때에 옷을 입혔고 병들었을 때에 돌아보았고 옥에 갇혔을 때에 와서 보았느니라

마 25:37 이에 의인들이 대답하여 가로되 주여 우리가 어느 때에 주의 주리신 것을 보고 공궤하였으며 목마르신 것을 보고 마시게 하였나이까

마 25:38 어느 때에 나그네 되신 것을 보고 영접하였으며 벗으신 것을 보고 옷 입혔나이까

마 25:39 어느 때에 병드신 것이나 옥에 갇히신 것을 보고 가서 뵈었나이까 하리니

마 25:40 임금이 대답하여 가라사대 내가 진실로 너희에게 이르노니 너희가 여기 내 형제 중에 지극히작은 자 하나에게 한 것이 곧 내게 한 것이니라 하시고

마 25:45 이에 임금이 대답하여 가라사대 내가 진실로 너희에게 이르노니 이 지극히 작은 자 하나에게 하지 아니한 것이 곧 내게 하지

아니한 것이니라 하시리니

마 25:46　저희는 영벌에, 의인들은 영생에 들어가리라 하시니라

눅 12:33　너희 소유를 팔아 구제하여 낡아지지 아니하는 주머니를 만들라 곧 하늘에 둔바 다함이 없는 보물이니 거기는 도적도 가까이 하는 일이 없고 좀도 먹는 일이 없느니라

눅 14:12　또 자기를 청한 자에게 이르시되 네가 점심이나 저녁이나 베풀거든 벗이나 형제나 친척이나 부한 이웃을 청하지 말라 두렵건대 그 사람들이 너를 도로 청하여 네게 갚음이 될까 하라

눅 14:13　잔치를 배설하거든 차라리 가난한 자들과 병신들과 저는 자들과 소경들을 청하라

눅 14:14　그리하면 저희가 갚을 것이 없는 고로 네게 복이 되리니 이는 의인들의 부활시에 네가 갚음을 받겠음이니라 하시더라

막 10:17　예수께서 길에 나가실새 한 사람이 달려와서 꿇어 앉아 묻자오되 선한 선생님이여 내가 무엇을 하여야 영생을 얻으리이까

막 10:18　예수께서 이르시되 네가 어찌하여 나를 선하다 일컫느냐 하나님 한 분 외에는 선한 이가 없느니라

막 10:19　네가 계명을 아나니 살인하지 말라, 간음하지 말라, 도적질하

지 말라, 거짓 증거하지 말라, 속여 취하지 말라, 네 부모를 공
경하라 하였느니라

막 10:20 여짜오되 선생님이여 이것은 내가 어려서부터 다 지키었나이다

막 10:21 예수께서 그를 보시고 사랑하사 가라사대 네게 오히려 한 가
지 부족한 것이 있으니 가서 네 있는 것을 다 팔아 가난한 자들
을 주라 그리하면 하늘에서 보화가 네게 있으리라 그리고 와
서 나를 좇으라 하시니

막 10:22 그 사람은 재물이 많은 고로 이 말씀을 인하여 슬픈 기색을 띠
고 근심하며 가니라

눅 18:18 어떤 관원이 물어 가로되 선한 선생님이여 내가 무엇을 하여
야 영생을 얻으리이까

눅 18:19 예수께서 이르시되 네가 어찌하여 나를 선하다 일컫느냐 하나
님 한분 외에는 선한 이가 없느니라

눅 18:20 네가 계명을 아나니 간음하지 말라, 살인하지 말라, 도적질하
지 말라, 거짓증거하지 말라, 네 부모를 공경하라 하였느니라

눅 18:21 여짜오되 이것은 내가 어려서부터 다 지키었나이다

눅 18:22 예수께서 이 말을 들으시고 이르시되 네가 오히려 한 가지 부
족한 것이 있으니 네게 있는 것을 다 팔아 가난한 자들을 나눠
주라 그리하면 하늘에서 보화가 네게 있으리라 그리고 와서

나를 좇으라 하시니

눅 18:23 　그 사람이 큰 부자인 고로 이 말씀을 듣고 심히 근심하더라

이웃사랑하는 자가 천국에 간다

히 12:14   모든 사람으로 더불어 화평함과 거룩함을 좇으라 **이것이 없이**
          는 아무도 주를 보지 못하리라

마 5:9   화평케 하는 자는 **복이 있나니** 저희가 하나님의 아들이라 **일**
          컬음을 받을 것임이요

요일 3:15   그 형제를 미워하는 자마다 살인하는 자니 살인하는 자마다
          영생이 그 속에 거하지 아니하는 것을 너희가 아는 바라

요일 3:16   **그가 우리를 위하여 목숨을 버리셨으니 우리가 이로써 사랑을**
          알고 우리도 형제들을 위하여 목숨을 버리는 것이 마땅하니라

요일 3:17   **누가 이 세상 재물을 가지고 형제의 궁핍함을 보고도 도와 줄**
          마음을 막으면 하나님의 사랑이 어찌 그 속에 거할까보냐

하나님을 믿는 자가 천국에 간다

말 3:16 그 때에 여호와를 경외하는 자들이 피차에 말하매 여호와께서 그것을 분명히 들으시고 여호와를 경외하는 자와 그 이름을 존중히 생각하는 자를 위하여 여호와 앞에 있는 기념책에 기록하셨느니라

말 3:17 만군의 여호와가 이르노라 내가 나의 정한 날에 그들로 나의 특별한 소유를 삼을 것이요 또 사람이 자기를 섬기는 아들을 아낌같이 내가 그들을 아끼리니

렘 39:18 내가 단정코 너를 구원할 것인즉 네가 칼에 죽지 아니하고 네 생명이 노략물을 얻음 같이 되리니 이는 네가 나를 신뢰함이니라 여호와의 말이니라

욜 2:31 여호와의 크고 두려운 날이 이르기 전에 해가 어두워지고 달이 핏빛 같이 변하려니와

욜 2:32 누구든지 여호와의 이름을 부르는 자는 구원을 얻으리니 이는 나 여호와의 말대로 시온산과 예루살렘에서 피할 자가 있을 것임이요 남은 자 중에 나 여호와의 부름을 받을 자가 있을 것임이니라

잠 19:23 여호와를 경외하는 것은 사람으로 생명에 이르게 하는 것이라

경외하는 자는 족하게 지내고 재앙을 만나지 아니하느니라

시 9:10   여호와여 주의 이름을 아는 자는 주를 의지하오리니 이는 주를 찾는 자들을 버리지 아니하심이니이다

잠 29:25   사람을 두려워하면 올무에 걸리게 되거니와 여호와를 의지하는 자는 안전하리라

잠 14:27   여호와를 경외하는 것은 생명의 샘이라 사망의 그물에서 벗어나게 하느니라

시 20:6   여호와께서 자기에게 속한바 기름부음 받은 자를 구원하시는 줄 이제 내가 아노니 그 오른손에 구원하는 힘으로 그 거룩한 하늘에서 저에게 응락하시리로다

시 145:20   여호와께서 자기를 사랑하는 자는 다 보호하시고 악인은 다 멸하시리로다

정직한 자가 천국에 간다

시 31:23   너희 모든 성도들아 여호와를 사랑하라 여호와께서 성실한 (정직한) 자를 보호하시고 교만히 행하는 자에게 엄중히 갚으시느니라

잠 28:18   성실히(정직히) 행하는 자는 구원을 얻을 것이나 사곡히 행하는 자는 곧 넘어지리라

시 7:10   나의 방패는 마음이 정직한 자를 구원하시는 하나님께 있도다

시 11:7   여호와는 의로우사 의로운 일을 좋아하시나니 정직한 자는 그 얼굴을 뵈오리로다

시 24:3   여호와의 산에 오를 자 누구며 그 거룩한 곳에 설 자가 누군고
시 24:4   곧 손이 깨끗하며 마음이 청결하며 뜻을 허탄한데 두지 아니하며 거짓 맹세치 아니하는 자로다
시 24:5   저는 여호와께 복을 받고 구원의 하나님께 의를 얻으리니

잠 11:6   정직한 자는 그 의로 인하여 구원을 얻으려니와 사특한 자는 자기의 악에 잡히리라

잠 13:6 의는 행실이 정직한 자를 보호하고 **악은 죄인을 패망케 하느니라**

시 140:13 **진실로 의인이 주의 이름에 감사하며** 정직한 자가 주의 앞에
       거하리이다

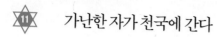 **가난한 자가 천국에 간다**

시 12:5   **여호와의 말씀에** 가련한 자의 눌림과 궁핍한 자의 탄식을 인
          하여 내가 이제 일어나 저를 그 원하는 안전 지대에 두리라 하
          시도다

시 12:6   **여호와의 말씀은 순결함이여 흙 도가니에 일곱번 단련한 은**
          같도다

시 12:7   여호와여 저희를 지키사 이 세대로부터 영영토록 보존하시리
          이다

눅 6:20   **예수께서 눈을 들어 제자들을 보시고 가라사대** 가난한 자는
          복이 있나니 하나님의 나라가 너희 것임**이요**

약 2:5   **내 사랑하는 형제들아 들을지어다** 하나님이 세상에 대하여는
          가난한 자를 택하사 믿음에 부요하게 하시고 또 자기를 사랑
          하는 자들에게 약속하신 나라를 유업으로 받게 **아니하셨느냐**

⑫ 회개하는 자가 천국에 간다

눅 13:1　　그 때 마침 두어 사람이 와서 빌라도가 어떤 갈릴리 사람들의 피를 저희의 제물에 섞은 일로 예수께 고하니

눅 13:2　　대답하여 가라사대 너희는 이 갈릴리 사람들이 이 같이 해 받음으로써 모든 갈릴리 사람보다 죄가 더 있는 줄 아느냐

눅 13:3　　너희에게 이르노니 아니라 너희도 만일 회개치 아니하면 다 이와 같이 망하리라

눅 13:4　　또 실로암에서 망대가 무너져 치어 죽은 열 여덟 사람이 예루살렘에 거한 모든 사람보다 죄가 더 있는 줄 아느냐

행 17:30　알지 못하던 시대에는 하나님이 허물치 아니하셨거니와 이제는 어디든지 사람을 다 명하사 회개하라 하셨으니

행 17:31　이는 정하신 사람으로 하여금 천하를 공의로 심판할 날을 작정하시고 이에 저를 죽은 자 가운데서 다시 살리신 것으로 모든 사람에게 믿을만한 증거를 주셨음이니라 하니라

마 4:17　　이때부터 예수께서 비로소 전파하여 가라사대 회개하라 천국이 가까왔느니라 하시더라

전도하는 자가 천국에 간다

마 24:45 충성되고 지혜 있는 종이 되어 주인에게 그 집 사람들을 맡아
         때를 따라 양식을 나눠 줄 자가 누구뇨

마 24:46 주인이 올 때에 그 종의 이렇게 하는 것을 보면 그 종이 복이
         있으리로다

마 24:47 내가 진실로 너희에게 이르노니 주인이 그 모든 소유를 저에
         게 맡기리라

마 25:21 그 주인이 이르되 잘 하였도다 착하고 충성된 종아 네가 작은
         일에 충성하였으매 내가 많은 것으로 네게 맡기리니 네 주인
         의 즐거움에 참예할지어다 하고

단 12:3 지혜 있는 자는 궁창의 빛과 같이 빛날 것이요 많은 사람을 옳
        은 데로 돌아오게 한 자는 별과 같이 영원토록 비취리라

어린아이와 같이 받드는 자가 천국에 간다

막 10:15   **내가 진실로 너희에게 이르노니** 누구든지 하나님의 나라를 어린 아이와 같이 받들지 않는 자는 결단코 들어가지 못하리라 **하시고**

눅 18:17   **내가 진실로 너희에게 이르노니** 누구든지 하나님의 나라를 어린 아이와 같이 받들지 않는 자는 결단코 들어가지 못하리라 **하시니라**

마 18:3   **가라사대 진실로 너희에게 이르노니** 너희가 돌이켜 어린 아이들과 같이 되지 아니하면 결단코 천국에 들어가지 못하리라

믿는 아내 덕에 천국에 간다

벧전 3:1   **아내 된 자들아 이와 같이 자기 남편에게 순복하라 이는 혹 도를** 순종치 않는 자라도 말로 말미암지 않고 그 아내의 행위로 말미암아 구원을 얻게 하려 함이니

그밖의 천국에 대한 성경 구절

마 22:31 죽은 자의 부활을 의논할진대 하나님이 너희에게 말씀하신 바
마 22:32 나는 아브라함의 하나님이요 이삭의 하나님이요 야곱의 하나
님이로라 하신 것을 읽어 보지 못하였느냐 하나님은 죽은 자
의 하나님이 아니요 산 자의 하나님이시니라 하시니

눅 20:37 죽은 자의 살아난다는 것은 모세도 가시나무떨기에 관한 글에
보였으되 주를 아브라함의 하나님이요 이삭의 하나님이요 야
곱의 하나님이시라 칭하였나니
눅 20:38 하나님은 죽은 자의 하나님이 아니요 산 자의 하나님이시라
하나님에게는 모든 사람이 살았느니라 하시니

슥 13:8 여호와가 말하노라 이 온 땅에서 삼분지 이는 멸절하고 삼분
지 일은 거기 남으리니
슥 13:9 내가 그 삼분지 일을 불 가운데 던져 은 같이 연단하며 금 같이
시험할 것이라 그들이 내 이름을 부르리니 내가 들을 것이며
나는 말하기를 이는 내 백성이라 할 것이요 그들은 말하기를
여호와는 내 하나님이시라 하리라

고전 15:16 만일 죽은 자가 다시 사는 것이 없으면 그리스도도 다시 사신
것이 없었을 터이요

고전 15:17 그리스도께서 다시 사신 것이 없으면 너희의 믿음도 헛되고 너희가 여전히 죄 가운데 있을 것이요

고전 15:18 또한 그리스도 안에서 잠자는 자도 망하였으리니

고전 15:19 만일 그리스도 안에서 우리의 바라는 것이 다만 이생 뿐이면 모든 사람 가운데 우리가 더욱 불쌍한 자리라

고전 15:20 그러나 이제 그리스도께서 죽은 자 가운데서 다시 살아 잠자는 자들의 첫 열매가 되셨도다

고전 15:21 사망이 사람으로 말미암았으니 죽은 자의 부활도 사람으로 말미암는도다

고전 15:35 누가 묻기를 죽은 자들이 어떻게 다시 살며 어떠한 몸으로 오느냐 하리니

고전 15:36 어리석은 자여 너의 뿌리는 씨가 죽지 않으면 살아나지 못하겠고

고전 15:37 또 너의 뿌리는 것은 장래 형체를 뿌리는 것이 아니요 다만 밀이나 다른 것의 알갱이 뿐이로되

고전 15:38 하나님이 그 뜻대로 저에게 형체를 주시되 **각 종자에게 그 형체를 주시느니라**

고전 15:39 육체는 다 같은 육체가 아니니 하나는 사람의 육체요 하나는 짐승의 육체요 하나는 새의 육체요 하나는 물고기의 육체라

고전 15:40 하늘에 속한 형체도 있고 땅에 속한 형체도 있으나 하늘에 속한 자의 영광이 따로 있고 땅에 속한 자의 영광이 따로 있으니

고전 15:41 해의 영광도 다르며 달의 영광도 다르며 별의 영광도 다른데 별과 별의 영광이 다르도다

고전 15:42 죽은 자의 부활도 이와 같으니 썩을 것으로 심고 썩지 아니할 것으로 다시 살며

고전 15:43 욕된 것으로 심고 영광스러운 것으로 다시 살며 약한 것으로 심고 강한 것으로 다시 살며

고전 15:44 육의 몸으로 심고 신령한 몸으로 다시 사나니 육의 몸이 있은즉 또 신령한 몸이 있느니라

고전 15:45 기록된바 첫 사람 아담은 산 영이 되었다 함과 같이 마지막 아담은 살려 주는 영이 되었나니

고전 15:46 그러나 먼저는 신령한 자가 아니요 육 있는 자요 그 다음에 신령한 자니라

고전 15:47 첫 사람은 땅에서 났으니 흙에 속한 자이거니와 둘째 사람은 하늘에서 나셨느니라

고전 15:48 무릇 흙에 속한 자는 저 흙에 속한 자들과 같고 무릇 하늘에 속한 자는 저 하늘에 속한 자들과 같으니

고전 15:49 우리가 흙에 속한 자의 형상을 입은 것같이 또한 하늘에 속한 자의 형상을 입으리라

고후 12:1 무익하나마 내가 부득불 자랑하노니 주의 환상과 계시를 말하리라

고후 12:2 내가 그리스도 안에 있는 한 사람을 아노니 십 사년 전에 그가 세째 하늘에 이끌려 간 자라 (그가 몸 안에 있었는지 몸 밖에 있었는지 나는 모르거니와 하나님은 아시느니라)

고후 12:3 내가 이런 사람을 아노니 (그가 몸 안에 있었는지 몸 밖에 있었는지 나는 모르거니와 하나님은 아시느니라)

고후 12:4 그가 낙원으로 이끌려가서 말할 수 없는 말을 들었으니 사람이 가히 이르지 못할 말이로다

히 11:35 여자들은 자기의 죽은 자를 부활로 받기도 하며 또 어떤 이들은 더 좋은 부활을 얻고자 하여 악형을 받되 구차히 면하지 아니하였으며

사 11:6 그 때에 이리가 어린 양과 함께 거하며 표범이 어린 염소와 함께 누우며 송아지와 어린 사자와 살찐 짐승이 함께 있어 어린 아이에게 끌리며

사 11:7 암소와 곰이 함께 먹으며 그것들의 새끼가 함께 엎드리며 사자가 소처럼 풀을 먹을 것이며

사 11:8 젖먹는 아이가 독사의 구멍에서 장난하며 젖뗀 어린 아이가

독사의 굴에 손을 넣을 것이라

사 11:9 나의 거룩한 산 모든 곳에서 해됨도 없고 상함도 없을 것이니 이는 물이 바다를 덮음 같이 여호와를 아는 지식이 세상에 충만할 것임이니라

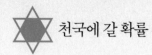

천국에 갈 확률

이스라엘 사람들이 이집트에서 가나안으로 들어가는 것은, 세상 삶에서 천국으로 가는 비유를 나타낸다. 막상 가나안 땅에 갔을 때, 당시에 총인구가 남자는 60만 가량, 여자까지 합치면 120만명 정도였다.

> 민 1:46 계수함을 입은 자의 총계가 육십만 삼천 오백 오십명
> 이었더라

당시는 60세를 평균 수명으로 보고, 20세 이하를 빼면 614,000명 정도이다. 그 중 가나안 땅(천국)에 갈 자격을 얻은 건 4명(여호수아, 갈렙, (모세, 아론)) 뿐이었다. 모세와 아론은 결국 들어가지 못 했지만, 4명일 때로 계산하면, 한 사람이 천국에 갈 확률은 약 0.0006514658인데, 한국인은 2023년 기준 5,155만 8,034명이므로, 33,588명이 천국에 갈 것이다. 물론 40년간 사막에서 고생을 한 뒤에는 천국에 들어가는 사람이 훨씬 많아졌을 것이다.

다윗 때에는 인구수가 732만명 가량이었는데, 비슷한 시기 (?)에 7천 명이 바알에 무릎을 꿇지 않았으므로, 당시 누군가

천국 갈 확률은 0.000956284153이고, 한국인 기준으로는 현재 49,304명 정도 천국에 갈 것이다. 그런데 이스라엘은 민족 전체가 하나님을 알고, 어쨌든 하나님의 뜻을 행하려는 사람들이므로, 다른 민족은 그 수가 훨씬 적을 것이다.

그런데 다른 구절을 보면 저것보다 훨씬 많은 사람(약 33%)이 천국에 갈 것 처럼 나온다.

슥 13:8   여호와가 말하노라 이 온 땅에서 삼분지 이는 멸절하고 삼분지 일은 거기 남으리니

슥 13:9   내가 그 삼분지 일을 불 가운데 던져 은 같이 연단하며 금 같이 시험할 것이라 그들이 내 이름을 부르리니 내가 들을 것이며 나는 말하기를 이는 내 백성이라 할 것이요 그들은 말하기를 여호와는 내 하나님이시라 하리라

그리고 예수께서 다시 오실 때 들판에서 두 사람이 있을 때 '하나는 데려가고 하나는 버려둠'을 당할 것이라고 했는데, 만약 처음의 확률이라면 둘 중 하나가 아니라, 최소 만 명 중 한 명이기 때문에 저 말이 이뤄질 것이라 볼 수 없다.

마 24:40   그때에 두 사람이 밭에 있으매 하나는 데려감을 당하
          고 하나는 버려둠을 당할 것이요

마 24:41   두 여자가 매를 갈고 있으매 하나는 데려감을 당하고
          하나는 버려둠을 당할 것이니라

천국에 들어가는 사람의 등급이 여러가지로 보이는데, 여호
수아나 갈렙, 선지자나 예수님의 제자들은 '천사보다 나은
사람'의 자격으로 천국에 가는 것이고, 천사보다 낮은 자격
으로 천국에 들어가는 사람은 훨씬 많을 것이다.

고전 6:3   우리가 천사를 판단할 것을 너희가 알지 못하느냐 그
          러하거든 하물며 세상 일이랴

히 1:14   모든 천사들은 부리는 영으로서 구원 얻을 후사들을
          위하여 섬기라고 보내심이 아니뇨

내 주변 사람들도 당장은 천국 갈 자격이 안 되어도, 그 사람
이 죽기 전까지 천국에 갈 확률이 약 1/3은 되지 않을까?

성령 받는 법　　19

성경 말씀을 실천하며 살려고 해도, 성경적으로 옳은 지 틀린 지 알기 어려운 경우도 많다. 세상의 법과 성경의 법이 충돌하는 경우도 있고, 계명과 계명이 충돌하는 경우도 있다. 물론 더 큰 계명을 위해 작은 계명을 어길 수는 있을 것이다. 예를 들면, 사람의 목숨을 살리기 위해 안식일을 어기는 것 등을 말한다.

사람의 뜻으로 무엇이 옳은 지 알기 어려울 때, '성령'을 통해서 하나님의 뜻을 알고 실천할 수 있다고 한다. 어떤 사람에게 성령을 주시는 것일까?

① 성령의 능력

요일 2:27   너희는 주께 받은바 기름 부음이 너희 안에 거하나니 아무도
너희를 가르칠 필요가 없고 오직 그의 기름 부음이 모든 것을
너희에게 가르치며 또 참되고 거짓이 없으니 너희를 가르치신
그대로 주 안에 거하라

요일 2:28   자녀들아 이제 그 안에 거하라 이는 주께서 나타내신 바 되면
그의 강림하실 때에 우리로 담대함을 얻어 그 앞에서 부끄럽
지 않게 하려 함이라

요일 2:29   너희가 그의 의로우신 줄을 알면 의를 행하는 자마다 그에게
서 난 줄을 알리라

갈 5:18   너희가 만일 성령의 인도하시는 바가 되면 율법 아래 있지 아
니하리라

갈 5:19   육체의 일은 현저하니 곧 음행과 더러운 것과 호색과

갈 5:20   우상 숭배와 술수와 원수를 맺는 것과 분쟁과 시기와 분냄과
당 짓는 것과 분리함과 이단과

갈 5:21   투기와 술 취함과 방탕함과 또 그와 같은 것들이라 전에 너희
에게 경계한 것같이 경계하노니 이런 일을 하는 자들은 하나
님의 나라를 유업으로 받지 못할 것이요

갈 5:22   오직 성령의 열매는 사랑과 희락과 화평과 오래 참음과 자비
와 양선과 충성과

갈 5:23   온유와 절제니 이같은 것을 금지할 법이 없느니라

갈 5:24   그리스도 예수의 사람들은 육체와 함께 그 정과 욕심을 십자

가에 못박았느니라

예수 믿는 자가 성령을 받는다

행 10:41   모든 백성에게 하신 것이 아니요 오직 미리 택하신 증인 곧 죽
은 자 가운데서 일어나신 후 모시고 음식을 먹은 우리에게 하
신 것이라

행 10:42   우리를 명하사 백성에게 전도하되 하나님이 산 자와 죽은 자의
재판장으로 정하신 자가 곧 이 사람인 것을 증거하게 하셨고

행 10:43   저에 대하여 모든 선지자도 증거하되 저를 믿는 사람들이 다
그 이름을 힘입어 죄 사함을 받는다 하였느니라

행 10:44   베드로가 이 말 할 때에 성령이 말씀 듣는 모든 사람에게 내려
오시니

행 10:45   베드로와 함께 온 할례 받은 신자들이 이방인들에게도 성령
부어 주심을 인하여 놀라니

행 10:46   이는 방언을 말하며 하나님 높임을 들음이러라

요 7:37   명절 끝날 곧 큰 날에 예수께서 서서 외쳐 가라사대 누구든지
목마르거든 내게로 와서 마시라

요 7:38   나를 믿는 자는 성경에 이름과 같이 그 배에서 생수의 강이 흘
러나리라 하시니

요 7:39   이는 그를 믿는 자의 받을 성령을 가리켜 말씀하신 것이라 (예
수께서 아직 영광을 받지 못하신 고로 성령이 아직 저희에게
계시지 아니하시더라)

요 14:12 　내가 진실로 진실로 너희에게 이르노니 나를 믿는 자는 나의 하는 일을 저도 할 것이요 또한 이보다 큰 것도 하리니 이는 내가 아버지께로 감이니라

요 14:13 　너희가 내 이름으로 무엇을 구하든지 내가 시행하리니 이는 아버지로 하여금 아들을 인하여 영광을 얻으시게 하려 함이라

요 14:14 　내 이름으로 무엇이든지 내게 구하면 내가 시행하리라

요 14:15 　너희가 나를 사랑하면 나의 계명을 지키리라

요 14:16 　내가 아버지께 구하겠으니 그가 또 다른 보혜사를 너희에게 주사 영원토록 너희와 함께 있게 하시리니

행 2:33 　하나님이 오른손으로 예수를 높이시매 그가 약속하신 성령을 아버지께 받아서 너희 보고 듣는 이것을 부어 주셨느니라

딛 3:6 　성령을 우리 구주 예수 그리스도로 말미암아 우리에게 풍성히 부어 주사

딛 3:7 　우리로 저의 은혜를 힘입어 의롭다 하심을 얻어 영생의 소망을 따라 후사가 되게 하려 하심이라

행 19:4 　바울이 가로되 요한이 회개의 세례를 베풀며 백성에게 말하되 내 뒤에 오시는 이를 믿으라 하였으니 이는 곧 예수라 하거늘

행 19:5   저희가 듣고 주 예수의 이름으로 세례를 받으니

행 19:6   바울이 그들에게 안수하매 성령이 그들에게 임하시므로 **방언
           도 하고 예언도 하니**

행 11:17   **그런즉 하나님이** 우리가 주 예수 그리스도를 믿을 때에 주신
           것과 같은 선물을 저희에게도 주셨으니 내가 누구관대 하나님
           을 능히 막겠느냐 **하더라**

행 11:18   저희가 이 말을 듣고 잠잠하여 하나님께 영광을 돌려 가로되
           그러면 하나님께서 이방인에게도 생명 얻는 회개를 주셨도다
           하니라

3 의로운 자와 계명을 지키는 자가 성령을 받는다

행 10:35   **각 나라중** 하나님을 경외하며 의를 행하는 사람은 하나님이 받으시는 줄 **깨달았도다**

행 5:32   **우리는 이 일에 증인이요** 하나님이 자기를 순종하는 사람들에게 주신 성령도 그러하니라 **하더라**

요일 2:27   너희는 주께 받은바 기름 부음이 너희 안에 거하나니 **아무도 너희를 가르칠 필요가 없고 오직 그의 기름 부음이 모든 것을 너희에게 가르치며** 또 참되고 거짓이 없으니 너희를 가르치신 그대로 주 안에 거하라

요일 2:28   **자녀들아 이제 그 안에 거하라 이는 주께서 나타내신 바 되면 그의 강림하실 때에 우리로 담대함을 얻어 그 앞에서 부끄럽지 않게 하려 함이라**

요일 2:29   **너희가 그의 의로우신 줄을 알면** 의를 행하는 자마다 그에게서 난 줄을 알리라

회개하는 자가 성령을 받는다

행 2:38 **베드로가 가로되** 너희가 회개하여 각각 예수 그리스도의 이름 으로 세례를 받고 죄 사함을 얻으라 그리하면 성령을 선물로 받으리니

행 2:39 이 약속은 너희와 너희 자녀와 모든 먼데 사람 곧 주 우리 하나 님이 얼마든지 부르시는 자들에게 하신 것이라 하고

고후 7:8 그러므로 내가 편지로 너희를 근심하게 한 것을 후회하였으나 지금은 후회하지 아니함은 그 편지가 너희로 잠시만 근심하게 한 줄을 앎이라

고후 7:9 내가 지금 기뻐함은 너희로 근심하게 한 까닭이 아니요 도리 어 너희가 근심함으로 회개함에 이른 까닭이라 너희가 하나님 의 뜻대로 근심하게 된 것은 우리에게서 아무 해도 받지 않게 하려 함이라

고후 7:10 하나님의 뜻대로 하는 근심은 후회할 것이 없는 구원에 이르 게 하는 회개를 이루는 것이요 세상 근심은 사망을 이루는 것 이니라

고후 7:11 보라 하나님의 뜻대로 하게 한 이 근심이 너희로 얼마나 간절 하게 하며 얼마나 변명하게 하며 얼마나 분하게 하며 얼마나 두렵게 하며 얼마나 사모하게 하며 얼마나 열심있게 하며 얼 마나 벌하게 하였는가, 너희가 저 일에 대하여 일절 너희 자신

의 깨끗함을 나타내었느니라

행 11:17 그런즉 하나님이 우리가 주 예수 그리스도를 믿을 때에 주신
것과 같은 선물을 저희에게도 주셨으니 내가 누구관대 하나님
을 능히 막겠느냐 하더라

행 11:18 저희가 이 말을 듣고 잠잠하여 하나님께 영광을 돌려 가로되
그러면 하나님께서 이방인에게도 생명 얻는 회개를 주셨도다
하니라

이웃 사랑을 실천하는 자가 성령을 받는다

행 10:4   고넬료가 주목하여 보고 두려워 가로되 주여 무슨 일이니이까
천사가 가로되 네 기도와 구제가 하나님 앞에 상달하여 기억
하신 바가 되었으니

갈 6:8   자기의 육체를 위하여 심는 자는 육체로부터 썩어진 것을 거
두고 성령을 위하여 심는 자는 성령으로부터 영생을 거두리라

갈 6:9   우리가 선을 행하되 낙심하지 말지니 피곤하지 아니하면 때가
이르매 거두리라

갈 6:10 그러므로 우리는 기회 있는 대로 모든 이에게 착한 일을 하되
더욱 믿음의 가정들에게 할지니라

내게 성령께서 계실까?

내 의지로 성경 말씀을 지키며 살려고 노력한 것은 22년 가량 됐다. 그동안 하나님께서 여러모로 날 돕고 계신다고 생각한다. 다만, 예수께서 말씀하신 '성령'이 나에게 있지는 않은 것 같다.

성령이란 하나님의 뜻을 대변하여 사람을 돕는 분 같다. 천사들은 어느 정도는 본인의 의지로 판단한다면, 성령의 뜻은 하나님의 뜻과 일치하는 것 같다. 또한 하나님의 능력의 일부를 사람에게 주어, 다양한 일을 할 수 있게 하는 것으로 보인다. 구약과 신약에서 여러 번 나온다.

보통 성령이 임하는 순간 이적이 일어난다. 예언이나 방언(외국어)을 말한다.

민 11:25   여호와께서 구름 가운데 강림하사 모세에게 말씀하시고 그에게 임한 신을 칠십 장로에게도 임하게 하시니 신이 임하신 때에 그들이 예언을 하다가 다시는 아니하였더라

행 2:17   하나님이 가라사대 말세에 내가 내 영으로 모든 육체에게 부어 주리니 너희의 자녀들은 예언할 것이요 너

희의 젊은이들은 환상을 보고 너희의 늙은이들은 꿈
을 꾸리라

행 2:4   저희가 다 성령의 충만함을 받고 성령이 말하게 하심
       을 따라 다른 방언으로 말하기를 시작하니라

행 2:5   그 때에 경건한 유대인이 천하 각국으로부터 와서 예
       루살렘에 우거하더니

행 2:6   이 소리가 나매 큰 무리가 모여 각각 자기의 방언으로
       제자들의 말하는 것을 듣고 소통하여

행 2:7   다 놀라 기이히 여겨 이르되 보라 이 말하는 사람이 다
       갈릴리 사람이 아니냐

행 2:8   우리가 우리 각 사람의 난 곳 방언으로 듣게 되는 것이
       어찜이뇨

나는 성령에 임해서 방언이나 예언을 한 적이 없다. 그리고
기적이라고 할만한 기적은 체험해본 적이 없다. 모세는 하나
님을 만나기까지 80년이 걸렸고, 아브라함은 이삭이 태어나
기까지 25년이 걸렸다. 고넬료와 에베소의 제자들에게도 때
가 있었듯, 내게도 때가 있으리라 생각한다.

# 감사합니다

이 책을 집필할 수 있도록, 출간되도록 해주신 여호와께 감사합니다. 여러모로 신경 써주시는 예수님께, 알 수 없는 분께 감사합니다. 제게 세상 삶이란 기회를 주시고, 부족함이 없게 해주신 데에 감사 드립니다. 삶에 만족할 수 있게 해주시고, 즐겁게 일할 수 있도록 해주신 데에 감사 드립니다.

이 책은 제가 여호와께 드릴 수 있는 가장 큰 제사입니다. 책에 잘못된 내용이 있어도, 나쁜 뜻을 담아 고의로 그런 것은 아닙니다.

이 책을 읽는 모든 사람들이 여호와께서 계심을 믿게 되기를, 여호와께서 모든 사람들을 돕고 계신 것을 알게 되기를 기도 드립니다.

앞으로도 제가 큰 죄는 짓지 않게 해주시고, 인간답게 존중을 받으며, 나쁜 길이 아니라면 하고 싶은 일은 뭐든지 할 수 있게 도와주시기를 기도 드립니다. 제게 배우자가 있기를 기도 드립니다. 자녀들이 여호와 보시기에 의로운 사람으로 클 수 있기를 기도 드립니다. 저보다 훨씬 지혜롭고 사랑이 많으신 예수께서 옳은 방향으로 이끌어 주시리라 믿습니다.

남은 생에서도 말씀을 실천하고, 가족들과 사람들을 돕는데 최선을 다하며, 부끄럽지 않게 살겠습니다.